1日6コ
覚える!

日本語能力試験

漢字ワークN3

監修：辻和子　著者：白鳥志保

UNICOM Inc.

この本の目的

この本では、日本語能力試験 N3 レベルの漢字 360 字と漢字で書く言葉
約 820 語を、6 字×5 回×12 ユニットに分けて学びます。
1 日 6 字ずつ、1 ユニットを 1 週間で勉強すれば、12 週間で完成します。

この本の特色

一人で勉強できるように、
・漢字の言葉や例には英語・ベトナム語の翻訳をつけてあります。
・学習中の漢字以外にはすべて読みがなをつけています。
　(読みがなは下につけてあるので、隠して読めば、学習中の漢字以外を読む練習ができ
　ます。)

しっかり覚えられるように、
・筆順を示し、書いて練習するスペースを多くとってあります。
・1 ユニットごとに、復習の読み／書き問題があります。
・漢字の形や成り立ちなどをもとにした覚えるヒントを多く入れてあります。
・例として紹介した表現は問題などでくり返し使っています。

日本語能力試験対策として
・4 ユニットに 2 回ずつ、日本語能力試験（言語知識 文字・語彙）形式のまと
　めテストがあります。
・語彙問題に対応できる語彙力をつけるために、語彙の解説でカタカナ語 N4/
　N5 レベルの言葉に言いかえられる場合、言いかえた言葉を示しています。
　また、例文や問題に、カタカナ語や N4/N5 レベルの漢字を使用した N3 レベル
　の語彙を積極的に使用しています。

The Aim of This Book

In this book, 360 kanji and 820 words written with kanji for the "Japanese-Language Proficiency Test " Level N3 are learned by studying 5 sets of 6 kanji in each of 12 Units. If you study 6 kanji every day and 1 unit each a week, you will complete this book in 12 weeks.

Features of This Book

In order to study on your own,

- Words written in kanji and the examples have English or Vietnamese translations.
- Kanji other than those being studied all have *yomigana* (pronunciation). (The *yomigana* is written under the kanji, so if you hide the *yomigana*, you can learn to read other kanji as well.)

In order to memorize kanji properly,

- The stroke order for each kanji is shown and there is plenty of space to practice writing the kanji.
- Each unit has review questions for reading and writing.
- Based on the shapes and origins of kanji, many clues to help memorizing them are added.
- The expressions introduced in the examples are used repeatedly in the exercises.

For Preparation of the Japanese-Language Proficiency Test,

- There are two summary tests every 4 units in the same format as the JLPT format (language knowledge, characters and vocabulary).
- To help improve your vocabulary for vocabulary questions paraphrases are used if paraphrasing with the vocabulary of N4/5 levels or *katakana* can be done in the explanation of vocabulary. Also, *katakana* words or N3 level vocabulary which use N4/5-level kanji are actively used in the example sentences and exercises.

Mục đích của quyển sách này

Với quyển sách này, người học có thể học được 330 chữ Hán và khoảng 820 từ vựng được viết bằng chữ Hán, chia thành 12 bài (Unit), mỗi bài chia 5 lần, mỗi lần 6 chữ (6 chữ × 5 lần × 12 bài). Như vậy, mỗi ngày học 6 chữ, mỗi bài học trong 1 tuần thì sẽ học xong quyển sách trong 12 tuần.

Ưu điểm nổi bật của quyển sách này

Để người học có thể tự học được:
- Mỗi từ và ví dụ đều có thêm phần dịch nghĩa tiếng Anh và tiếng Việt.
- Những chữ Hán ngoài những chữ đang học đều có ghi kèm cách đọc. (Cách đọc được ghi ở phía dưới, nếu che nó đi khi đọc thì có thể luyện tập được cả cách đọc những chữ ngoài chữ đang học.)

Để có thể nhớ một cách chắc chắn,
- Có chỉ ra thứ tự viết và dành nhiều khoảng trống để tập viết.
- Mỗi Unit đều có bài tập ôn tập cách đọc/ cách viết.
- Có nhiều gợi ý về cách nhớ dựa trên hình dáng chữ và quá trình tạo thành chữ Hán đó.

Là quyển sách để luyện thi năng lực tiếng Nhật:
- Cứ mỗi 4 Unit sẽ có 2 bài kiểm tra tổng hợp theo hình thức giống với bài thi Kiến thức ngôn ngữ (Chữ-Từ vựng) của kỳ thi năng lực tiếng Nhật.
- Để trang bị năng lực đủ để có thể làm được các câu về từ vựng, ở trong phần giải thích từ, nếu có thể diễn đạt thay thế bằng từ ngữ của trình độ N4/N5 hoặc chữ Katakata thì chỉ ra những từ đã thay thế đó. Ngoài ra, sử dụng tích cực từ vựng của trình độ N3 mà dùng chữ Hán của trình độ N4/N5 trong bài tập và ví dụ,.

Unit X 1 — Unit X 5

毎回漢字を6字ずつ学びます。 _{まいかいかんじ じ まな} 6字を1日で覚えるのが大変なとき _{じ にち おぼ たいへん} は、左ページと右ページで2日に分けて勉強してもいいでしょう。 _{ひだり みぎ ふつか わ べんきょう}

You study six kanji each time. If it is too much to memorize 6 kanji in one day, you can study them in two days, the left page and then the right.

Mỗi lần học 6 chữ Hán. Trong trường hợp khó học thuộc 6 chữ trong một ngày, thì có thể chia theo cách học trang bên trái và trang bên phải trong 2 ngày.

この回で習う漢字を紹介しています。最初は読めなくてもいいです。この回に習う字に _{かい なら かんじ しょうかい さいしょ よ かい なら じ} は、▲がついています。N4・N5レベルの漢字で、この回で習う読みには△がついています。

The kanji you are to study in this section are introduced. It's okay if you can't read them at first. ▲ is marked for those you study in this section, and △ is marked for the N4/5 level kanji that you learn to read in this section.

Phần này giới thiệu các chữ Hán sẽ học trong lần này. Ban đầu không đọc được cũng không sao. Chữ Hán học trong lần này được đánh dấu ▲. Chữ Hán thuộc trình độ N4・N5 nhưng có cách đọc sẽ học trong lần này thì được đánh dấu △.

この回で習う漢字です。解説や例をよく読んでください。 _{かい なら かんじ かいせつ れい よ}

These are the kanji you study in this section. Read the explanations and examples carefully.

Đây là những chữ Hán học trong lần này. Hãy đọc thật kĩ phần giải thích và ví dụ.

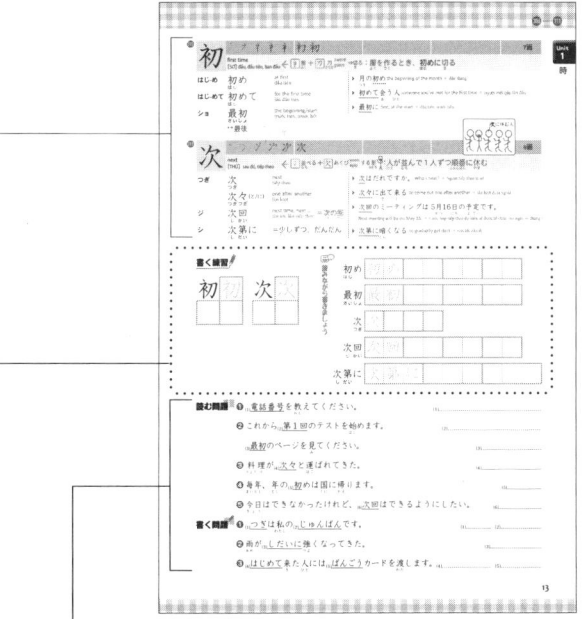

書く練習 Writing Practice _{か れんしゅう} Luyện tập viết

・筆順を確認しながらまず薄字の漢字を _{ひつじゅん かくにん うすじ かんじ} なぞって書きます。次に空欄に書きます。 _{か つぎ くうらん か}

While checking the stroke order, trace the kanji in light ink , then write it in the blank space.

Trước hết, vừa xem lại thứ tự các nét vừa viết chồng lên trên chữ Hán được in mờ. Tiếp theo, hãy viết chữ Hán đó vào các ô trống.

Write as you Read Vừa đọc vừa viết _{読みながら書きましょう}

・読みを覚えるために、漢字を使った _{よ おぼ かんじ つか} 言葉を声に出して読みながら書く練 _{ことば こえ だ よ か れん} 習をしましょう。 _{しゅう}

To memorize reading, practice writing as you read out the words in kanji.

Để nhớ cách đọc, hãy vừa tập viết vừa đọc lên thành tiếng từ có dùng chữ Hán.

読む問題 Reading Exercises _{よ もんだい} Bài tập về cách đọc

・下線部をひらがなに直して右の＿＿に書いてくだ _{かせんぶ なお みぎ か} さい。答えは別冊にあります。 _{こた べっさつ}

Write the underlined part in *hiragana* in the column __ on the right. The answers are in the separate booklet.

Hãy chuyển phần được gạch chân sang chữ Hiragana rồi viết vào chỗ trống có gạch chân (____) phía bên phải. Đáp án có trong tập Giải đáp kèm theo sách.

書く問題 Writing Exercises _{か もんだい} Bài tập về cách viết

・下線部を漢字とひらがなに直して右の＿＿に書い _{かせんぶ かんじ なお みぎ か} てください。答えは別冊にあります。 _{こた べっさつ}

Write the underlined part in kanji and *hiragana* in the column __ on the right. The answers are in the separate booklet.

Hãy chuyển phần được gạch chân sang chữ Hán và Hiragana rồi viết vào chỗ có gạch chân (__)phía bên phải. Đáp án có trong tập Giải đáp kèm theo sách.

N3 の漢字の解説内容
The Contents of the Explanation of N3 Kanji
Nội dung giải thích các chữ Hán thuộc trình độ N3

このシリーズでの
漢字の ID 番号
(N3 は 306-665)

ID No. for kanji in this series
(306-665 for N3)
Kí hiệu ID của chữ Hán trong chuỗi sách này.
(Kí hiệu của N3 là 306-665)

漢字そのものの意味（英語・ベトナム語）
［　］は漢越語

Meaning of a Kanji Itself (English or Vietnamese)
［　］ is Sino-Vietnamese vocabulary
Nghĩa gốc của chữ Hán (tiếng Anh / Tiếng Việt)
［　］ là âm Hán Việt

筆順　Stroke Order
Thứ tự nét

漢字の覚え方のヒント　Tips for Memorizing Kanji
Gợi ý cách nhớ chữ Hán
字の形や成り立ち*などを元に、漢字を覚えるときの助けに
なるような情報が書いてあります。

Based on the shapes and origins of kanji, helpful information for memorizing kanji is provided.
Sách có các thông tin hỗ trợ cho việc ghi nhớ chữ Hán dựa vào hình dạng của chữ và quá trình tạo thành chữ.

- ● ＝ 学習する漢字の中にある　れい 返：反対
  letters/characters used by kanji words you are to study in this book
  chữ (thành phần) có trong những chữ Hán học trong bài
- ○ ＝ 学習する漢字のパーツの意味　れい 返：進む
  meaning of parts used in kanji you are to study
  ý nghĩa của các thành phần trong chữ Hán học trong bài
- 濃い部分＝学習する漢字の主な意味　れい 返：返す
  bold letter　principal meaning of kanji you are to study
  phần in đậm　ý nghĩa chủ yếu của chữ Hán học trong bài

388　**返**　厂 厂 反 沅 返 返　　　7画　**画数**
return　　　　　　　　　　　Number of Strokes
［PHẢN］trả lại　　　　　　　Số nét

← 辶 進む ＋ 反 反対：来た道を反対に進む⇒返す

かえ-す　返す　to return / trả lại
　　　　くり返す　to repeat / lặp lại
ヘン　　返事する　answer, reply / sự hồi đáp

▶ 図書館に本を返す　to return a book to the library ※ trả sách cho thư viện
▶ 同じ話をくり返す　to repeat the same story ※ lặp lại câu chuyện
▶ 返事（を）する　to reply/answer ※ hồi đáp, trả lời

読み　On and Kun Readings
Cách đọc
N3で必要な読みだけ取り上げて
います。ひらがなは訓読み、
カタカナは音読みです。

Only the necessary readings for N3 level are covered.
Kun-reading is written in hiragana and on-reading is written in katakana.
Chỉ đưa vào đây những cách đọc cần thiết đối với trình độ N3. Chữ Hiragana là cách đọc âm KUN, chữ Katakana là cách đọc âm ON.

語彙　Vocabulary
Từ vựng
学習する漢字を使った言葉とその意味を紹介しています。

The words using kanji you are to study and their meaning are presented.
Giới thiệu những từ có sử dụng chữ Hán học trong bài và ý nghĩa của từ đó.

★ N3 レベルの語、または N2 レベルでもいっしょに学習した
　ほうが効率的だと判断したものを取り上げました。
The N3 level vocabulary and some N2 level are taken up. The N2 level vocabularies in this book are the ones that are considered more efficiently learned with the N3 level vocabulary.
Đưa vào những từ vựng thuộc trình độ N3 và cả những từ thuộc trình độ N2 nhưng được cho là sẽ hiệu quả hơn nếu học chung.

★ 後で取り上げる漢字や N2 レベル以上の漢字が含まれている
　言葉はここでは原則的に紹介しません。
The kanji which are covered in the later sections and the words which contain higher than N2 level are basically not covered here.
Những chữ Hán sẽ được đưa vào sau hoặc những từ mà có bao gồm cả chữ Hán thuộc trình độ N2 trở lên thì không được giới thiệu ở đây.

例　Examples
れい　Ví dụ
左で紹介した語を使った例です。学習する語には読みがながついていません。学習する語に
は＿＿（同じ回で学習する語には……）が引いてあるので、読めるかどうか確認しながら音読し
てみましょう。

These are the examples using the words introduced on the left side. The words you are to study in this book do not have yomigana (pronunciation). They are underlined [　](the words being studied in the section are underlined with dotted lines [……]). Try reading them aloud to see if you can read them correctly.
Là những ví dụ có sử dụng từ đã giới thiệu ở phía bên trái. Những từ học trong bài không được ghi kèm cách đọc. Những từ học trong bài được gạch chân[　]
(Từ học trong cùng một lần được gạch bằng gạch chấm [……], hãy thử đọc lên thành tiếng và kiểm tra xem mình có thể đọc được hay không.)

＊漢字の覚え方のヒントは、成り立ちを元にした解説もありますが、漢字の成り立ちは諸説あるほか、現在の意味と離れているものも多
くあります。ですから、ここでは部首や成り立ちにこだわらず、漢字を覚えるきっかけになるような内容を書いてあります。

N5/N4 の漢字の N3 レベルの読み
かんじ

N3 Level Readings of N5/N4 Level Kanji
Cách đọc ở trình độ N3 của những chữ Hán thuộc trình độ N5/N4

・本書では N5/N4レベルのやさしい漢字のうち、N3レベルの読みと言葉を取り出して紹介して
ほんしょ　　　　　　　　　　　　　　　かんじ　　　　　　　　　　　　よ　　　ことば　と　だ　　　　しょうかい
います。

In this book some easier kanji of N5/N4 level are introduced and included in the N3 level readings and words.
Chọn giới thiệu những chữ Hán đơn giản thuộc trình độ N5/N4 nhưng có cách đọc và từ vựng thuộc trình độ N3.

漢字のレベル (N5 または N4)　The levels of kanji (N5/N4)
かんじ　　　　　　　　　　　　　　　Trình độ tương ứng của chữ Hán (N5 hoặc N4)

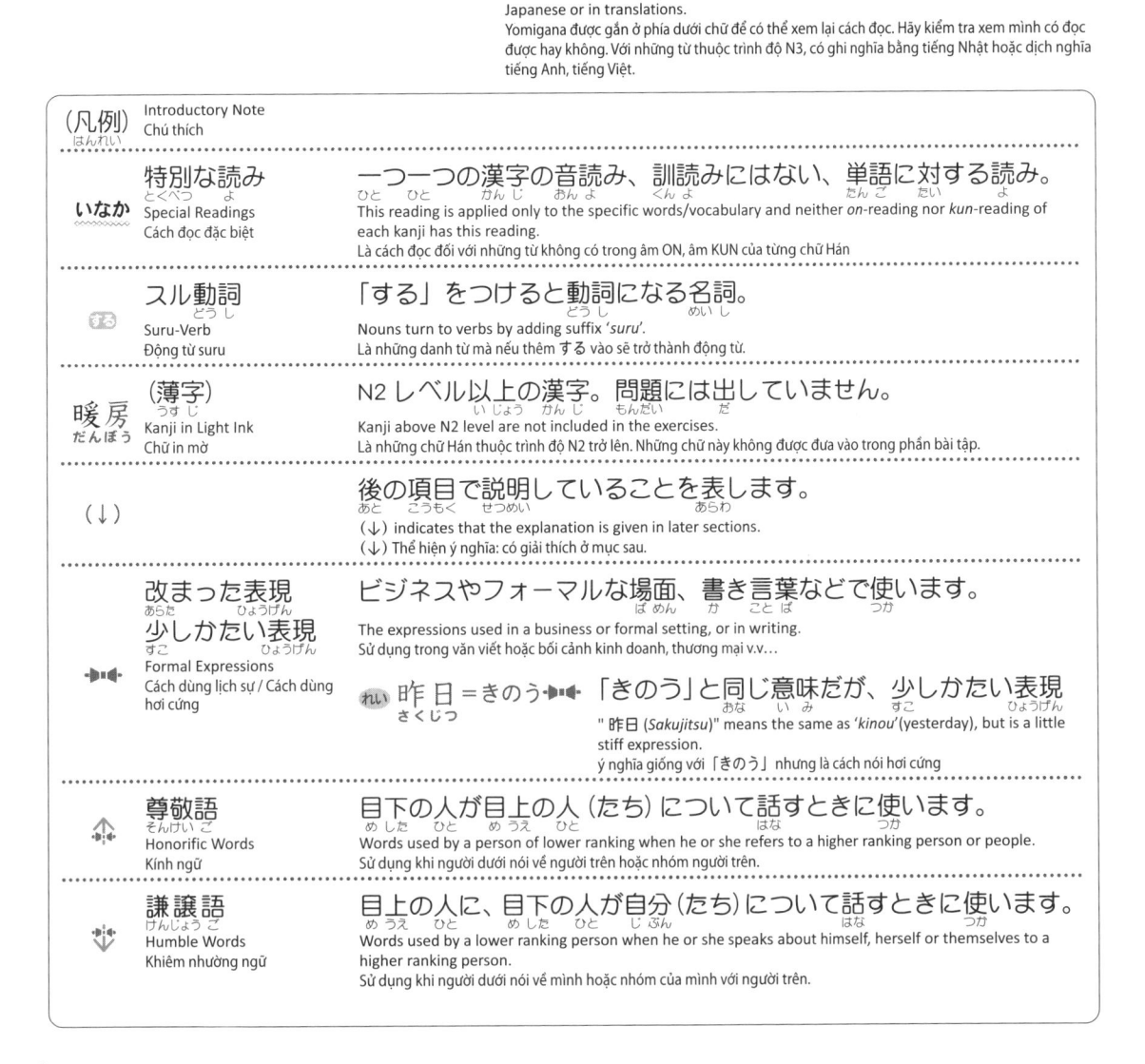

N5
空

から： 空(の) empty
　　　　から　　 trống, rỗng

くうせき 青い 空、 空気、 空港、 空席 vacant seat
かくにん　あお そら　くうき　くうこう　くうせき chỗ ngồi trống, ghế trống

・新しい読みと言葉　New readings and words
あたら　　よ　　ことば　Cách đọc và từ vựng mới

他で紹介していない言葉には意味が
ほか　しょうかい　　　　　　ことば　　　いみ
日本語か訳で書いてあります。
にほんご　やく　か

The meaning of words not taken up in other sections are
given in either Japanese or in translations.
Với những từ vựng không giới thiệu ở những nơi khác, chúng tôi
có ghi nghĩa tiếng Nhật hoặc dịch nghĩa tiếng Anh và tiếng Việt.

・N5/N4 の読みの確認　Confirming N5/N4 readings
かくにん　Kiểm tra lại cách đọc ở trình độ N5/N4

読みの確認ができるように、読みがなを下につけてあ
よ　　かくにん　　　　　　　　　　　よ　　　　　　した
ります。読めるかどうか確認してください。N3レベル
よ　　　　　　　　かくにん
の言葉には意味が日本語か訳で書いてあります。
ことば　　いみ　にほんご　やく　か

To confirm the readings of those words, *yomigana* (pronunciation) is given under them.
Check to see if you could read them correctly. N3 level words have the meaning either in
Japanese or in translations.
Yomigana được gắn ở phía dưới chữ để có thể xem lại cách đọc. Hãy kiểm tra xem mình có đọc
được hay không. Với những từ thuộc trình độ N3, có ghi nghĩa bằng tiếng Nhật hoặc dịch nghĩa
tiếng Anh, tiếng Việt.

(凡例) はんれい	Introductory Note Chú thích	
いなか	特別な読み とくべつ　よ Special Readings Cách đọc đặc biệt	一つ一つの漢字の音読み、訓読みにはない、単語に対する読み。 ひと ひと かんじ おんよ くんよ たんご たい よ This reading is applied only to the specific words/vocabulary and neither *on*-reading nor *kun*-reading of each kanji has this reading. Là cách đọc đối với những từ không có trong âm ON, âm KUN của từng chữ Hán
する	スル動詞 どうし Suru-Verb Động từ suru	「する」をつけると動詞になる名詞。 どうし　めいし Nouns turn to verbs by adding suffix 'suru'. Là những danh từ mà nếu thêm する vào sẽ trở thành động từ.
暖房 だんぼう	(薄字) うすじ Kanji in Light Ink Chữ in mờ	N2 レベル以上の漢字。問題には出していません。 いじょう かんじ もんだい だ Kanji above N2 level are not included in the exercises. Là những chữ Hán thuộc trình độ N2 trở lên. Những chữ này không được đưa vào trong phần bài tập.
(↓)		後の項目で説明していることを表します。 あと こうもく せつめい あらわ (↓) indicates that the explanation is given in later sections. (↓) Thể hiện ý nghĩa: có giải thích ở mục sau.
▶◀	改まった表現 あらた ひょうげん 少しかたい表現 すこ ひょうげん Formal Expressions Cách dùng lịch sự / Cách dùng hơi cứng	ビジネスやフォーマルな場面、書き言葉などで使います。 ばめん か ことば つか The expressions used in a business or formal setting, or in writing. Sử dụng trong văn viết hoặc bối cảnh kinh doanh, thương mại v.v... れい 昨日＝きのう▶◀「きのう」と同じ意味だが、少しかたい表現 さくじつ おな いみ すこ ひょうげん " 昨日 (Sakujitsu)" means the same as 'kinou'(yesterday), but is a little stiff expression. ý nghĩa giống với「きのう」nhưng là cách nói hơi cứng
⬆	尊敬語 そんけいご Honorific Words Kính ngữ	目下の人が目上の人 (たち) について話すときに使います。 めした ひと めうえ ひと はな つか Words used by a person of lower ranking when he or she refers to a higher ranking person or people. Sử dụng khi người dưới nói về người trên hoặc nhóm người trên.
⬇	謙譲語 けんじょうご Humble Words Khiêm nhường ngữ	目上の人に、目下の人が自分 (たち) について話すときに使います。 めうえ ひと めした ひと じぶん はな つか Words used by a lower ranking person when he or she speaks about himself, herself or themselves to a higher ranking person. Sử dụng khi người dưới nói về mình hoặc nhóm của mình với người trên.

・①～⑤で勉強した漢字をしっかり覚えたか、確認するための問題です。

They are the questions to see if the kanji studied in ① - ⑤ are memorized properly.
Đây là phần bài tập để kiểm tra xem đã nhớ kỹ những chữ Hán đã học từ ① đến ⑤ hay chưa?

・⑥は読みの問題、⑦は書きの問題です。

⑥ is for reading and ⑦ for writing questions.
⑥ là bài tập về cách đọc, ⑦ là bài tập về cách viết.

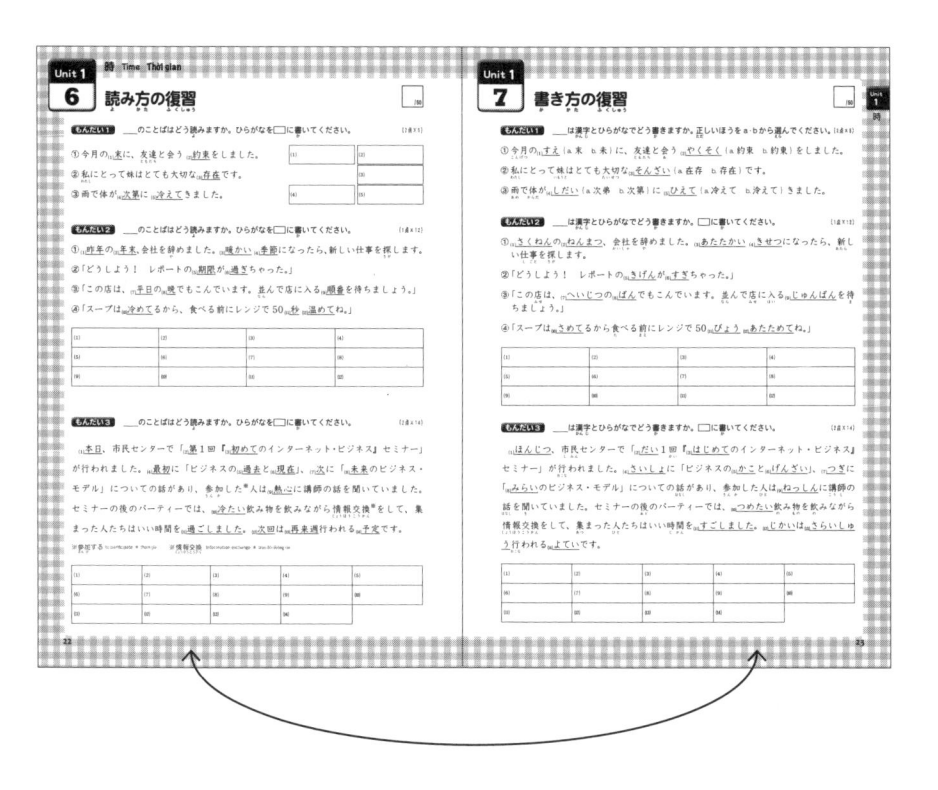

・⑥と⑦は同じ文を使った問題です。⑥の答えが⑦、⑦の答えが⑥にあるので、解答するときには反対側のページを隠してください。
　※⑦のもんだい1の答え（a、b）は別冊にあります。

⑥ and ⑦ are questions using the same sentences, which means the answers to the questions of ⑥ are in ⑦, and vice versa. So, when you answer these questions, you should hide the opposite page.
※ The answers to the questions ⑦ -Q1 (a, b) are in the separate booklet.
Câu ở bài tập ⑥ và ⑦ được sử dụng chung. Đáp án của bài tập ⑥ là bài tập ⑦, đán án của bài tập ⑦ là bài tập ⑥, do đó khi giải bài tập hãy giấu trang đối diện đi.
※ Đáp án (a,b) của câu 1 trong bài tập ⑦ có ở trong tập Giải đáp.

・⑦が難しいときは、⑥を見て答えを写してもいいでしょう。書き方が思い出せないときは、必ず①～⑤に戻って筆順を確認してください。終わったら答えを消しゴムで消して、次の日、今度は⑥を見ないでやってみましょう。

If you find ⑦ is too difficult, you can take a look at ⑥ and copy them. If you can't remember how to write them, make sure to go back to ① - ⑤ and check the stroke order. When you finish, erase your answers and try them again the next day without looking at the answers in ⑥.
Nếu bài tập ở mục ⑦ khó quá thì có thể đáp án ở mục ⑥ rồi chép lại. Nếu không nhớ ra được cách viết, hãy quay trở lại mục ① - ⑤ và xem lại thứ tự nét viết. Sau khi viết xong, nên dùng tẩy để xóa câu trả lời đó đi, đến hôm sau hãy thử làm lại lần nữa mà không xem đáp án ở mục ⑥.

・⑥はこの本で勉強した漢字、N4以下の漢字（語彙）には読みがなをつけていません。⑦にはすべてつけてあるので、問題以外の漢字が正しく読めるか、チェックができます。

⑥ is the kanji studied in this book, the kanji (vocabulary) below N4 level do not have yomigana (pronunciation). You find them in ⑦, so you can check to see if you could read the kanji not in the questions correctly as well.
Trong bài tập ⑥, những chữ Hán đã học trong sách này, những chữ Hán (từ vựng) thuộc trình độ N4 trở xuống không có cách đọc kèm theo. Trong bài tập ⑦ thì toàn bộ đều có cách đọc kèm theo, do đó, có thể kiểm tra xem có thể đọc đúng được những chữ Hán khác không thuộc yêu cầu của bài tập hay không.

まとめテスト　第1回〜第6回

　日本語能力試験（言語知識　文字・語彙）形式のまとめテストを、4ユニットごとに2回ずつ、計6回分用意しました。直前の4ユニットで学んだ内容について、日本語能力試験N3レベルの力がついたかどうかチェックできます。

In the same format as the Japanese-language Proficiency Test (language knowledge, characters and vocabulary), you have two practice tests for every 4 units, 6 tests in total. These practice tests are on the contents covered in each of the 4 units, you can check to see if you are now competent for the JLPT N3 level with them.

Cứ 4 Unit sẽ có 2 lần làm bài kiểm tra tổng hợp theo hình thức giống như bài thi năng lực tiếng Nhật (Kiến thức ngôn ngữ Chữ / Từ vựng), tổng cộng có 6 bài kiểm tra. Với các bài kiểm tra này, bạn có thể kiểm tra xem mình đã đạt được trình độ N3 của kì thi năng lực tiếng Nhật về nội dung đã học ở 4 bài học trước đó hay chưa.

※ 本書は漢字の学習を主な目的としているため、実際の試験よりも1回あたりの文字分野の問題数を多くし、語彙分野の問題数を少なくしてあります。また語彙の問題は実際の試験ではN3レベルの漢字にも読みがながついていますが、本書で学習済みの内容については読みがなをつけていません。

The main purpose of this book is to study kanji, so it is on purpose that in each practice test the number of the questions on characters are more and less on the vocabulary than the actual JLPT N3 level test. Also, on the vocabulary questions of the actual test kanji have *yomigana* (pronunciation) on them, but the practice tests in this book do not have *yomigana* on the vocabulary already covered so far.

Quyển sách này được biên soạn nhằm mục đích chủ yếu là học chữ Hán, do đó số lượng câu về Chữ của mỗi bài kiểm tra nhiều hơn và số hỏi về Từ vựng ít hơn so với số câu trong đề thi thực tế. Hơn nữa, trong câu về Từ vựng, ở bài thi thực tế, những chữ Hán thuộc trình độ N3 đều có kèm theo cách đọc, tuy nhiên, trong quyển sách này, không có cách đọc kèm theo đối với những nội dung đã học.

※ 配点は本書独自のものです。日本語能力試験を実際に受験するときには、事前に問題数・配点ともに公式に発表されている内容をよく確認してください。

As for the distribution of points, it is this book's own. You need to check the number of the questions and the distribution of points in the official announcement prior to the JLPT you are to take.

Cách phân bố điểm là một đặc điểm riêng của quyển sách này. Trước khi dự thi kỳ thi năng lực tiếng Nhật thực tế, hãy kiểm tra thật kĩ nội dung được công bố chính thức, bao gồm số lượng câu hỏi và cách phân bố điểm.

がんばろう！

9

別冊
べっさつ
The Separate Booklet
Phụ bản

1

第1回

時 とき Time Thời gian

初めての人は、
最初に番号のカードを
もらってください。

次にカードに書いてある
番号の順に並んでください。

第 おなじ 弟
第1～ 兄弟
だい きょうだい
おなじ

---

⑥ 第

ノ ⺮ ⺮ ⺮ ⺮ 竹 竺 笃 笃 第 第　11画
かく

ダイ

order
[ĐỆ] thứ, bậc

← ⺮竹 bamboo + 弟 順番 order ：竹で作ったカードに順番 order を書く
たけ cây tre　　たけ じゅんばん thứ tự　　たけ つく　　　じゅんばん thứ tự　 か

第＿ だい　(prefix for forming ordinal numbers) thứ …

第＿回 だい＿かい　the ＿ th　lần thứ ＿

▶ 第1、第2 … the 1st, the 2nd … ＊ thứ nhất, thứ hai …
いち　に

▶ 成田空港第一ターミナル　Narita Airport Terminal 1
なり た くうこう だい いち　nhà ga hành khách thứ nhất (T1) của sân bay Narita

▶ 第3回ワールドカップ The Third World Cup ＊ giải vô địch quốc tế lần thứ 3

---

⑦ 番

ノ ⺊ ⺊ ⺉ 平 乎 来 来 番 番 番 番　12画

バン

order, turn
[PHIÊN] lần, lượt

← ノ + 米 + 田 ：田 rice field にイネ rice plant の種 seeds (＝米) をまく sow 形 form
た ruộng lúa　lúa　たね hạt giống こめ　　gieo かたち

＿番 ばん　No. ＿　số ＿

▶ 1番、2番… No.1, No.2 … ＊ số 1, số 2 …
ばん　ばん

---

⑧ 順

ノ ⺉ 川 ⺁ ⺁ ⺁ 順 順 順 順 順 順　12画

ジュン

follow
[THUẬN] theo, xuôi
theo, suôn sẻ

← 川 + 頁頭 ：人が川を流れる形
かわ あたま ひと かわ なが かたち

順番 じゅんばん　order, turn　thứ tự

順 じゅん　order　thứ tự

▶ 順番 / 順に並ぶ to line up in order ＊ sắp xếp theo thứ tự
なら

▶ 私の順番です。It's my turn. ＊ đến lượt tôi
わたし

▶ 順番を待つ to wait for one's turn ＊ đợi đến lượt
ま

---

⑨ 号

丶 ⼝ ⼝ 号 号　5画

ゴウ

name, title
[HIỆU] số, dấu

← ⼝ + 丂曲がって出る形 ：⼝を大きく開けて、大きな声を出す
くち まが で かたち　くち おお あ　　おお こえ だ

番号 ばんごう　number　số

電話番号 でんわばんごう　phone number　số điện thoại

▶ 番号をつける to assign a number ＊ đánh số

▶ 番号の順で in numerical order ＊ thứ tự theo số

書く練習

第 第　番 番

順 順　号 号

読みながら書きましょう

第1回 だいいっかい　第 1 回

2番 ばん　2 番

順番 じゅんばん　順 番

番号 ばんごう　番 号

---

③⑩ 初

`ラ ネ ネ ネ 初 初` 7画

first time
[SO] đầu, đầu tiên ← ネ 服 ＋ 刀 sword ⇒ 切る：服を作るとき、初めに切る
　　　　　　　　　　　ふく　　かたな gươm　　き　　　　ふく　つく　　　　　はじ　き

はじ-め	初め はじ	at first / đầu tiên
はじ-めて	初めて はじ	for the first time / lần đầu tiên
ショ	最初 さいしょ	the beginning/start / trước tiên, trước hết
	↔最後 さいご	

▶ 月の初め the beginning of the month ＊ đầu tháng
　 つき

▶ 初めて会う人 someone you've met for the first time ＊ người mới gặp lần đầu
　　　　あ　ひと

▶ 最初に first, at the start ＊ đầu tiên, trước tiên
　 さいしょ

③⑪ 次

`ラ ン ソ ゲ 次 次` 6画

next
[THỨ] sau đó, tiếp theo ← ン 並べる ＋ 欠 あくび yawn する形：人が並んで1人ずつ順番に休む
　　　　　　　　　　　　　　なら　　　　　ngáp　　　かたち　ひと　なら　　　ひとり　　じゅんばん　やす

つぎ	次 つぎ	next / tiếp theo
	次々 (と/に) つぎつぎ	one after another / lần lượt
ジ	次回 じかい	next time, next ... / lần tới, lần tiếp theo ＝次の回 つぎ かい
シ	次第に しだい	＝少しずつ、だんだん すこ

▶ 次はだれですか。 Who's next? ＊ Người tiếp theo là ai?

▶ 次々に出て来る to come out one after another ＊ lần lượt đi ra ngoài
　　　　で　く

▶ 次回のミーティングは5月16日の予定です。
　　　　　　　　　　　　　がつ　にち　よてい
　Next meeting will be on May 16. ＊ Cuộc họp tiếp theo dự kiến sẽ được tổ chức vào ngày 16 tháng 5.

▶ 次第に暗くなる to gradually get dark ＊ trời tối dần đi
　　　　くら

書く練習

初 初 ／ 次 次

読みながら書きましょう

初め はじ	初 め				
最初 さいしょ	最 初				
次 つぎ	次			
次回 じかい	次 回			
次第に しだい	次 第 に				

読む問題

❶ (1)電話番号を教えてください。
　　　　　　おし
(1)＿＿＿＿＿＿＿＿＿

❷ これから(2)第1回のテストを始めます。
　　　　　　　　　　　はじ
(2)＿＿＿＿＿＿＿＿＿

　(3)最初のページを見てください。
　　　　　　　み
(3)＿＿＿＿＿＿＿＿＿

❸ 料理が(4)次々と運ばれてきた。
　りょうり　　　　はこ
(4)＿＿＿＿＿＿＿＿＿

❹ 毎年、年の(5)初めは国に帰ります。
　まいとし　とし　　　　　くに　かえ
(5)＿＿＿＿＿＿＿＿＿

❺ 今日はできなかったけれど、(6)次回はできるようにしたい。
　きょう
(6)＿＿＿＿＿＿＿＿＿

書く問題

❶ (1)つぎは私の(2)じゅんばんです。
　　　　わたし
(1)＿＿＿＿ (2)＿＿＿＿

❷ 雨が(3)しだいに強くなってきた。
　あめ　　　　　つよ
(3)＿＿＿＿＿

❸ (4)はじめて来た人には(5)ばんごうカードを渡します。
　　　　き　ひと　　　　　　　　　わた
(4)＿＿＿＿＿ (5)＿＿＿＿＿

2 現在

時　Time　Thời gian

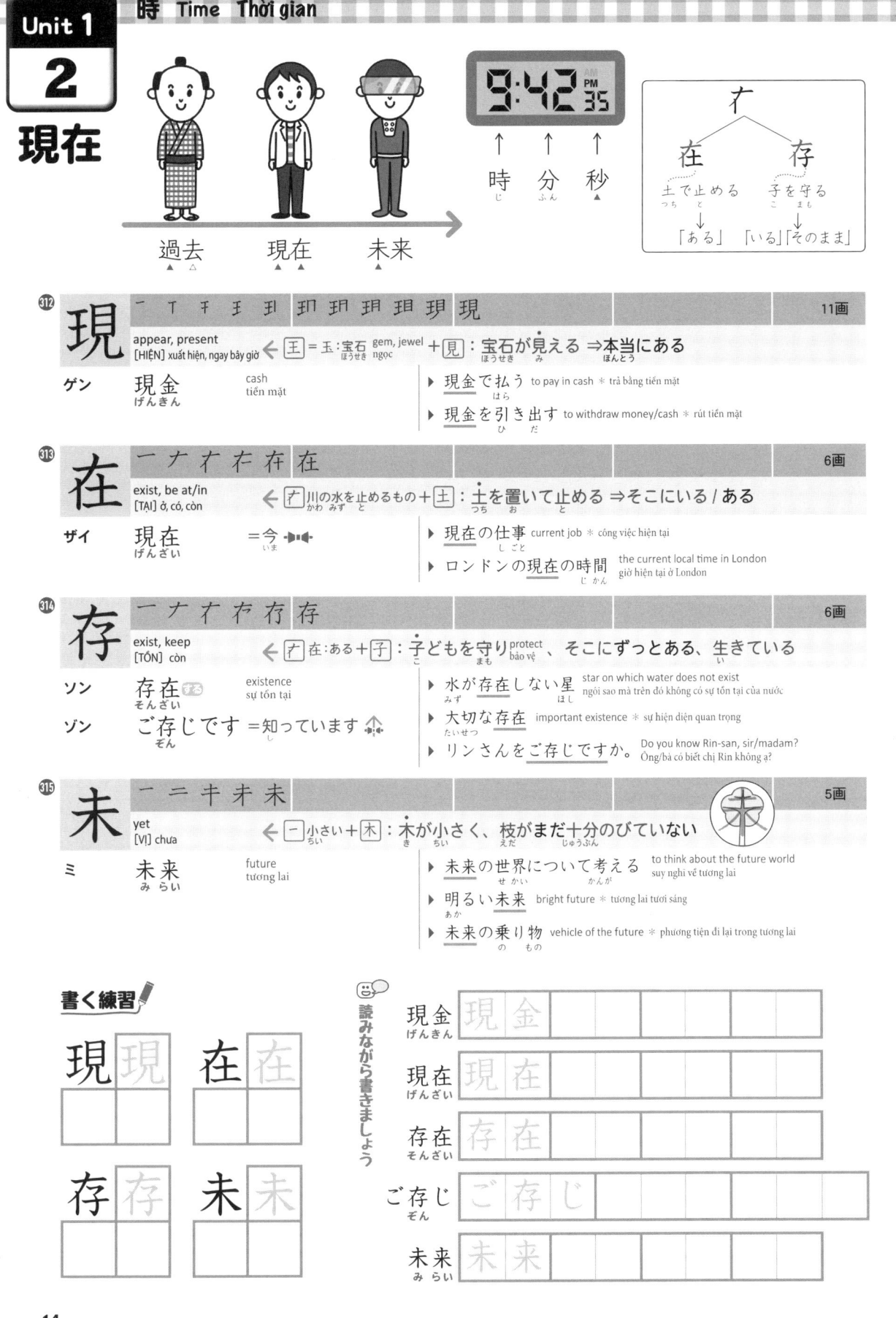

過去　現在　未来

時 分 秒
（じ）（ふん）（びょう）

广
在　　　存
土で止める　子を守る
（つち）（と）　（こ）（まも）
「ある」　「いる」「そのまま」

---

312 現　一 Т Ŧ 王 玥 玥 玥 玥 玥 現 現　11画

appear, present
[HIỆN] xuất hiện, ngay bây giờ

⇐ 王=玉:宝石 gem, jewel + 見:宝石が見える ⇒本当にある
　　　　　　（ほうせき）　　　　　（ほうせき）（み）　　（ほんとう）

ゲン　現金　cash
　　　（げんきん）tiền mặt

▶ 現金で払う　to pay in cash ＊ trả bằng tiền mặt
　　　（はら）

▶ 現金を引き出す　to withdraw money/cash ＊ rút tiền mặt
　　　（ひ）（だ）

---

313 在　一 ナ イ 才 存 在　6画

exist, be at/in
[TẠI] ở, có, còn

⇐ 广:川の水を止めるもの + 土:土を置いて止める ⇒そこにいる / ある
　　　（かわ みず）（と）　　　（つち）（お）（と）

ザイ　現在　＝今 ⇒◁▶
　　　（げんざい）（いま）

▶ 現在の仕事　current job ＊ công việc hiện tại
　　　（し ごと）

▶ ロンドンの現在の時間　the current local time in London
　　　　　　（じ かん）　giờ hiện tại ở London

---

314 存　一 ナ イ 才 存 存　6画

exist, keep
[TỒN] còn

⇐ 广在:ある + 子:子どもを守り protect 、そこにずっとある、生きている
　　　　　　　　（こ）　（まも）bảo vệ

ソン　存在　existence
　　　（そんざい）sự tồn tại

ゾン　ご存じです　＝知っています ⇑⇓
　　　（ぞん）　　（し）

▶ 水が存在しない星　star on which water does not exist
　　（みず）　　　　（ほし）ngôi sao mà trên đó không có sự tồn tại của nước

▶ 大切な存在　important existence ＊ sự hiện diện quan trọng
　　（たいせつ）

▶ リンさんをご存じですか。　Do you know Rin-san, sir/madam?
　　　　　　　　　　　　　Ông/bà có biết chị Rin không ạ?

---

315 未　一 ニ 土 キ 未　5画

yet
[VỊ] chưa

⇐ 一:小さい + 木:木が小さく、枝がまだ十分のびていない
　　（ちい）　　（き）（ちい）　（えだ）　（じゅうぶん）

ミ　未来　future
　　（み らい）tương lai

▶ 未来の世界について考える　to think about the future world
　　　　（せ かい）　　（かんが）suy nghĩ về tương lai

▶ 明るい未来　bright future ＊ tương lai tươi sáng
　　（あか）

▶ 未来の乗り物　vehicle of the future ＊ phương tiện đi lại trong tương lai
　　　　（の）（もの）

書く練習

現　在

存　未

読みながら書きましょう

現金　現金
（げんきん）

現在　現在
（げんざい）

存在　存在
（そんざい）

ご存じ　ご存じ
　（ぞん）

未来　未来
（み らい）

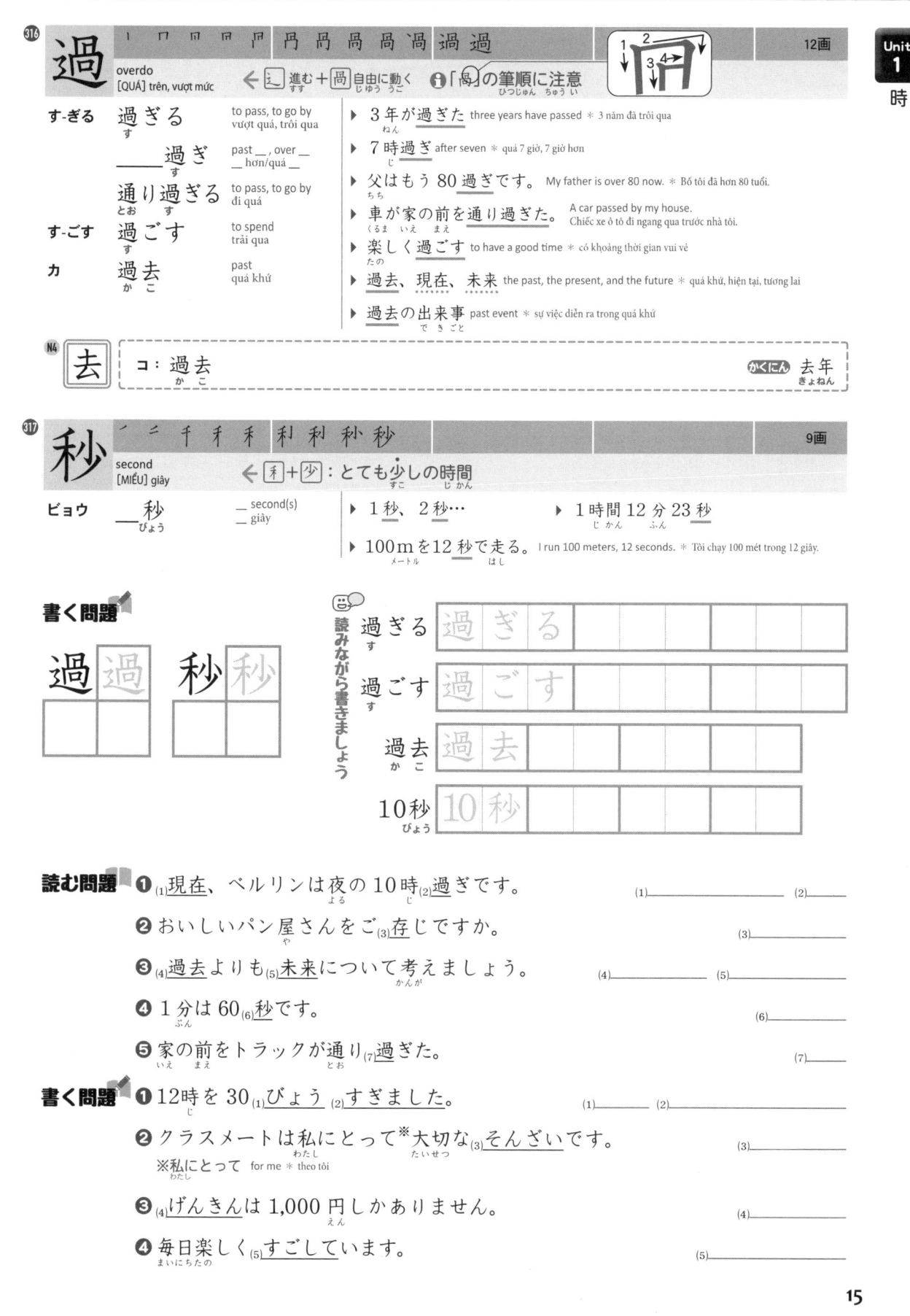

316 過

一 冂 冂 冎 冎 咼 咼 咼 咼 渦 過 過 | 12画

overdo
[QUÁ] trên, vượt mức ← 辶 進む + 咼 自由に動く ❶「咼」の筆順に注意
すす じゆう うご ひつじゅん ちゅうい

Unit **1** 時

す-ぎる	過ぎる	to pass, to go by vượt quá, trôi qua	▶ 3年が過ぎた three years have passed ※ 3 năm đã trôi qua
	__過ぎ	past __, over __ __ hơn/quá __	▶ 7時過ぎ after seven ※ quá 7 giờ, 7 giờ hơn
	通り過ぎる	to pass, to go by đi quá	▶ 父はもう 80 過ぎです。 My father is over 80 now. ※ Bố tôi đã hơn 80 tuổi.
す-ごす	過ごす	to spend trải qua	▶ 車が家の前を通り過ぎた。 A car passed by my house. Chiếc xe ô tô đi ngang qua trước nhà tôi.
カ	過去	past quá khứ	▶ 楽しく過ごす to have a good time ※ có khoảng thời gian vui vẻ
			▶ 過去、現在、未来 the past, the present, and the future ※ quá khứ, hiện tại, tương lai
			▶ 過去の出来事 past event ※ sự việc diễn ra trong quá khứ

N4 去 | コ：過去 | かくにん 去年

317 秒

ノ 二 千 禾 禾 禾 利 利 秒 秒 | 9画

second
[MIÉU] giây ← 禾 + 少：とても少しの時間
すこ じかん

| ビョウ | __秒 | __ second(s)
__ giây | ▶ 1秒、2秒… ▶ 1時間12分23秒 |
| | | | ▶ 100mを12秒で走る。 I run 100 meters, 12 seconds. ※ Tôi chạy 100 mét trong 12 giây. |

書く問題

過 過 秒 秒

読みながら書きましょう

過ぎる | 過 ぎ る
過ごす | 過 ご す
過去 | 過 去
10秒 | 10 秒

読む問題 ❶ (1)現在、ベルリンは夜の10時(2)過ぎです。 (1)_____ (2)_____

❷ おいしいパン屋さんをご(3)存じですか。 (3)_____

❸ (4)過去よりも(5)未来について考えましょう。 (4)_____ (5)_____

❹ 1分は60(6)秒です。 (6)_____

❺ 家の前をトラックが通り(7)過ぎた。 (7)_____

書く問題 ❶ 12時を30(1)びょう(2)すぎました。 (1)_____ (2)_____

❷ クラスメートは私にとって※大切な(3)そんざいです。 (3)_____
※私にとって for me ※ theo tôi

❸ (4)げんきんは 1,000 円しかありません。 (4)_____

❹ 毎日楽しく(5)すごしています。 (5)_____

3

平日
へいじつ

時　Time　Thời gian

昨年の年末からずっと忙しいです。
いそが

年が明けてからも、
△

平日は毎晩夜中に
△

家に帰っています。
いえ かえ

私たちは2017年に結婚しました。
わたし　ねん　けっこん

その翌年に子どもが生まれました。
△　こ　う

再来月もう一人生まれます。
△　ひとりう

2017年　2018年　今

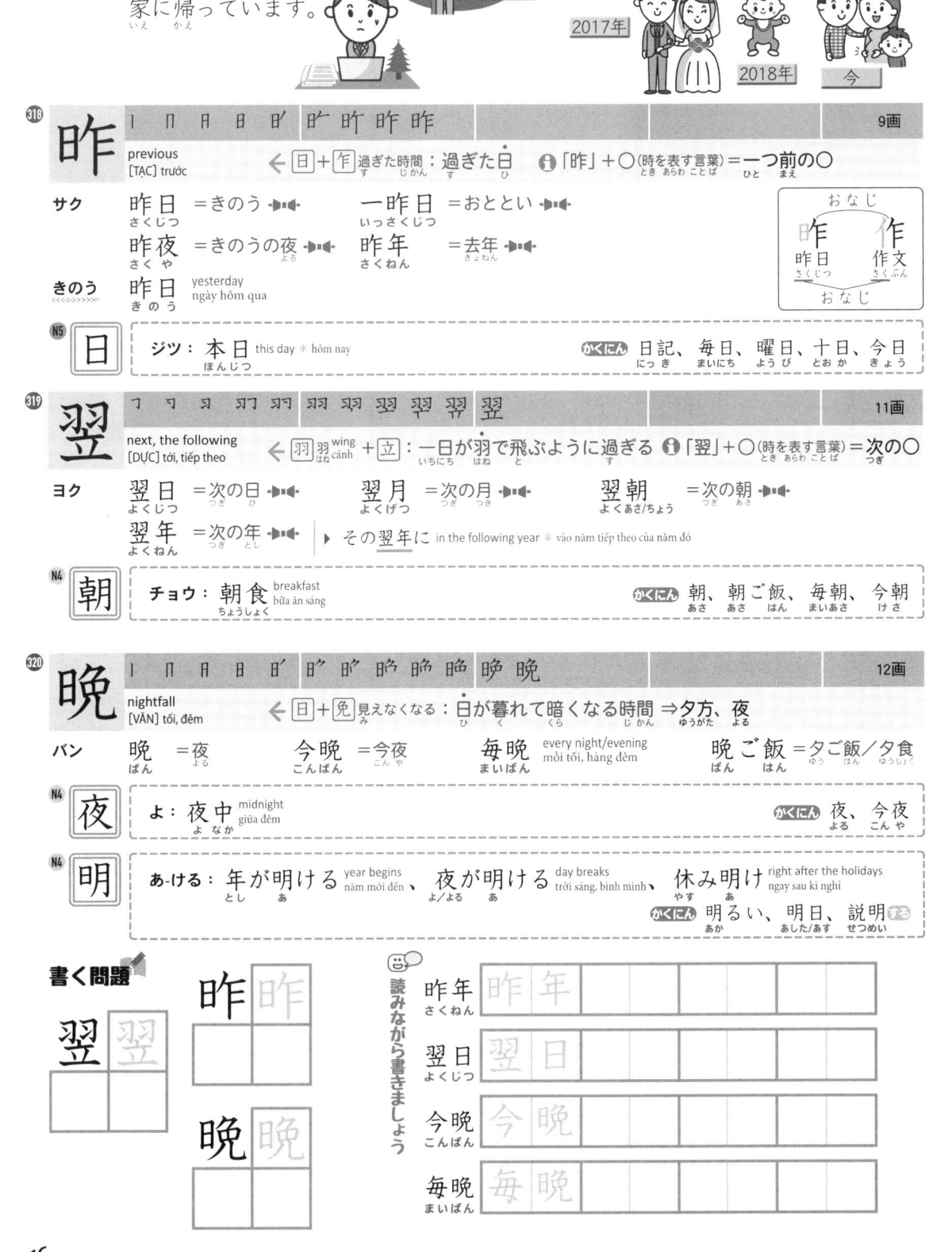

318 昨　｜ 冂 日 日 日ˊ 旷 昨 昨 昨　9画

previous
[TẠC] trước
←日+乍 過ぎた時間：過ぎた日　ℹ️「昨」+○（時を表す言葉）＝一つ前の○
　　　　　　　　　　 す　　じかん　　す　　ひ　　　　　　　　　とき あらわ ことば　　　ひと まえ

サク　昨日＝きのう ▷◁　一昨日＝おとい ▷◁
　　　さくじつ　　　　　　いっさくじつ

　　　昨夜＝きのうの夜 ▷◁　昨年＝去年 ▷◁
　　　さくや　　　　　よる　　　さくねん　きょねん

きのう　昨日　yesterday
　　　　きのう　ngày hôm qua

おなじ
昨日　作文
さくじつ　さくぶん
おなじ

N5 日　ジツ：本日 this day ＊ hôm nay
　　　　　　 ほんじつ

かくにん　日記、毎日、曜日、十日、今日
　　　　　 にっき　まいにち　ようび　とおか　きょう

319 翌　フ 刁 ヲ ヲˊ ヨˊˊ 羽 羽 翌 翌 翌 翌　11画

next, the following
[DỰC] tới, tiếp theo
←羽 wing +立：一日が羽で飛ぶように過ぎる　ℹ️「翌」+○（時を表す言葉）＝次の○
　　はね cánh　　　いちにち　はね　と　　　す　　　　　　　　とき あらわ ことば　　つぎ

ヨク　翌日＝次の日 ▷◁　翌月＝次の月 ▷◁　翌朝＝次の朝 ▷◁
　　　よくじつ　つぎ　ひ　　よくげつ　つぎ　つき　　よくあさ/ちょう　つぎ　あさ

　　　翌年＝次の年 ▷◁　▶ その翌年に in the following year ＊ vào năm tiếp theo của năm đó
　　　よくねん　つぎ　とし

N4 朝　チョウ：朝食 breakfast
　　　　　　　 ちょうしょく bữa ăn sáng

かくにん　朝、朝ご飯、毎朝、今朝
　　　　　 あさ　あさ　はん　まいあさ　けさ

320 晩　｜ 冂 日 日 日ˊ 旷 旷 昤 晚 晚 晚 晚　12画

nightfall
[VÃN] tối, đêm
←日+免 見えなくなる：日が暮れて暗くなる時間 ⇒夕方、夜
　　　　 み　　　　　　ひ　く　　　くら　　　じかん　ゆうがた　よる

バン　晚＝夜　今晚＝今夜　毎晚 every night/evening　晚ご飯＝夕ご飯／夕食
　　　ばん　よる　こんばん　こんや　まいばん mỗi tối, hàng đêm　ばん　はん　ゆう　はん／ゆうしょく

N4 夜　よ：夜中 midnight
　　　　　　 よなか giữa đêm

かくにん　夜、今夜
　　　　　 よる　こんや

N4 明　あ-ける：年が明ける year begins 、夜が明ける day breaks 、休み明け right after the holidays
　　　　　　　　　 とし　あ　năm mới đến　よ/よる　あ trời sáng, bình minh　やす　あ ngay sau kì nghỉ

かくにん　明るい、明日、説明する
　　　　　 あか　あした/あす　せつめい

書く問題　翌　昨　晚

読みながら書きましょう
昨年　昨年
さくねん

翌日　翌日
よくじつ

今晚　今晚
こんばん

毎晚　毎晚
まいばん

321 平

一 ノ ア 立 平 ／ 5画

flat
[BÌNH] bằng nhau, bằng phẳng, thường

← 水の表面 surface bề mặt に見える平らな水草 waterweed bèo, rong の形
みず ひょうめん み たい みずくさ かたち

| たい-ら | 平ら (な)
たい | flat
bằng phẳng | ▶ 平らな場所 level place ＊ nơi bằng phẳng
ばしょ | ▶ グラウンドを平らにする to level the ground
san phẳng mặt đất |
| ヘイ | 平日
へいじつ | weekday
năm sau nữa | ▶ 平日のみ営業 We are open only on weekdays. ＊ chỉ mở cửa vào ngày thường
えいぎょう | |

322 再

一 П 冂 冃 再 再 ／ 6画

again
[TÁI] lại, nữa

← 一 ＋ 再 かご basket rổ ：かごの上にもう一つかごをのせる ⇒ もう1回
うえ ひと かい

| サイ | 再＿＿＿
さい | re-
tái＿＿ | ▶ 再利用する to reuse ＊ sử dụng lại
りよう | ▶ 再試験 makeup exam ＊ thi lại
しけん |
| サ | 再来年
さらいねん | the year after next
năm sau nữa, sang năm nữa | 再来月 the month after next
さらいげつ tháng sau nữa | 再来週 the week after next
さらいしゅう tuần sau nữa |

323 末

一 二 キ 才 末 ／ 5画

last part, end
[MẠT] cuối

← 一 木の先の細いところ ＋ 木 ：物事のはし edge cạnh、終わり
き さき ほそ ものごと お

末 ← なが い → 末
年末 未来
ねんまつ みらい
くらべましょう

| すえ | 末
すえ | the end
cuối | ▶ 4月 (の)末に at the end of April ＊ cuối tháng tư
がつ |
| マツ | 年末 ＝年の終わり
ねんまつ とし お | 月末 ＝月の終わり
げつまつ つき お | 週末 ＝週の終わり、金～日曜
しゅうまつ しゅう お きん にちよう |

書く練習 ✏

平 平
再 再
末 末

😊💬 読みながら書きましょう

平ら / 平ら
たい

平日 / 平日
へいじつ

再利用 / 再利用
さいりよう

再来週 / 再来週
さらいしゅう

末 / 末
すえ

年末 / 年末
ねんまつ

読む問題 📖

❶ 運動会の(1)翌日、英語の (2)再試験を受けます。　　　(1)＿＿＿＿＿　　(2)＿＿＿＿＿
うんどうかい えいご しけん う

❷ (3)年末は忙しいので(4)平日は休めません。　(3)＿＿＿＿＿　(4)＿＿＿＿＿
いそが やす

❸ (5)再来月、旅行に行くことにしました。　　　　　(5)＿＿＿＿＿
りょこう い

❹ (6)昨夜遅かったので、(7)今晩は早く帰ります。　　(6)＿＿＿＿＿　(7)＿＿＿＿＿
おそ はや かえ

❺ (8)朝食の後、(9)夜中まで何も食べられなかった。(8)＿＿＿＿＿　(9)＿＿＿＿＿
あと なに た

書く問題 ✏

❶ (1)しゅうまつはいつも家で(2)ばんご飯を食べます。　(1)＿＿＿＿＿　(2)＿＿＿＿＿
いえ はん た

❷ 日本には(3)さくねんの3月(4)すえに来ました。　　(3)＿＿＿＿＿　(4)＿＿＿＿＿
にほん がつ き

❸ 40点以下なら、休み(5)あけに(6)さいテストだそうです。(5)＿＿＿＿＿　(6)＿＿＿＿＿
てんいか やす

❹ この店は(7)へいじつの夕方5時から(8)よくあさ5時まで
みせ ゆうがた じ じ
開いている。　　　　　　　　　　　　　　　(7)＿＿＿＿＿　(8)＿＿＿＿＿
あ

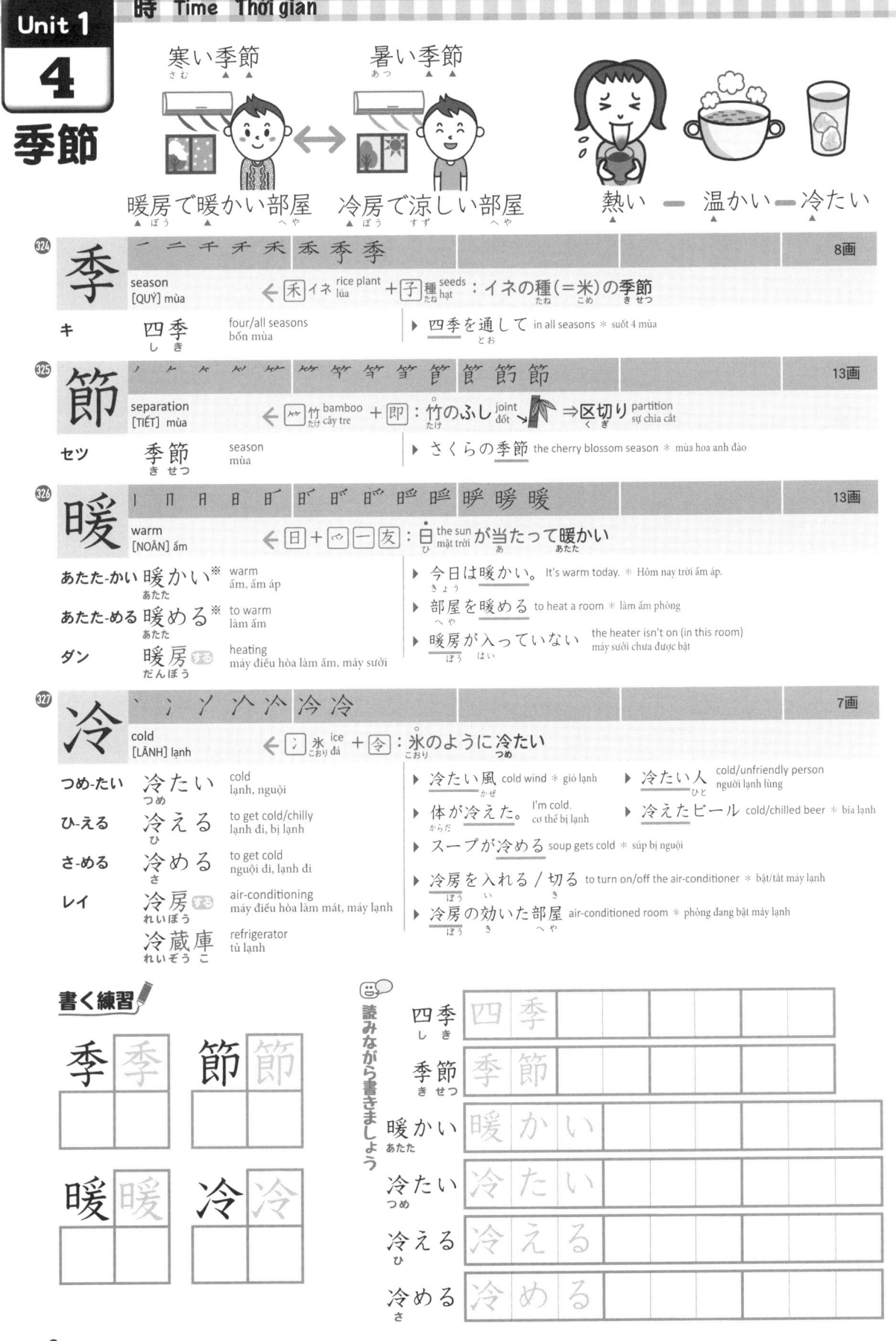

4 季節

寒い季節
さむ

暑い季節
あつ

暖房で暖かい部屋
ぼう　あたた　へや

冷房で涼しい部屋
ぼう　すず　へや

熱い ― 温かい ― 冷たい

324　季　一 二 千 禾 禾 季 季 季　　8画

season
[QUÝ] mùa

← 禾 イネ rice plant lúa ＋ 子 種 seeds hạt : イネの種（＝米）の季節
たね　こめ　きせつ

キ　四季 four/all seasons ▶ 四季を通して in all seasons ※ suốt 4 mùa
しき　bốn mùa　　とお

325　節　ノ ト ト ゲ ゲ ゲ 竹 笁 笁 筲 節 節 節　　13画

separation
[TIẾT] mùa

← 竹 bamboo cây tre ＋ 即 : 竹のふし joint ⇒ 区切り partition
たけ　たけ　くぎ　sự chia cắt

セツ　季節 season ▶ さくらの季節 the cherry blossom season ※ mùa hoa anh đào
きせつ mùa

326　暖　｜ 冂 冃 日 日 旷 旷 旷 盱 盰 暖 暖 暖　　13画

warm
[NOÃN] ấm

← 日 ＋ 爫 一 友 : 日 the sun mặt trời が当たって暖かい
ひ　あ　あたた

あたた-かい 暖かい※ warm ▶ 今日は暖かい。 It's warm today. ※ Hôm nay trời ấm áp.
あたた　ấm, ấm áp　　きょう

あたた-める 暖める※ to warm ▶ 部屋を暖める to heat a room ※ làm ấm phòng
あたた　làm ấm　　へや

ダン　暖房する heating ▶ 暖房が入っていない the heater isn't on (in this room)
だんぼう máy điều hòa làm ấm, máy sưởi　　ぼう　はい máy sưởi chưa được bật

---

327　冷　丶 冫 冫 冷 冷 冷 冷　　7画

cold
[LÃNH] lạnh

← 冫 氷 ice đá ＋ 令 : 氷のように冷たい
こおり　こおり　つめ

つめ-たい 冷たい cold ▶ 冷たい風 cold wind ※ gió lạnh ▶ 冷たい人 cold/unfriendly person
つめ　lạnh, nguội　　かぜ　　ひと người lạnh lùng

ひ-える 冷える to get cold/chilly ▶ 体が冷えた。 I'm cold. ▶ 冷えたビール cold/chilled beer ※ bia lạnh
ひ　lạnh đi, bị lạnh　　からだ cơ thể bị lạnh

さ-める 冷める to get cold ▶ スープが冷める soup gets cold ※ súp bị nguội
さ　nguội đi, lạnh đi

レイ　冷房する air-conditioning ▶ 冷房を入れる／切る to turn on/off the air-conditioner ※ bật/tắt máy lạnh
れいぼう máy điều hòa làm mát, máy lạnh　　い　き

冷蔵庫 refrigerator ▶ 冷房の効いた部屋 air-conditioned room ※ phòng đang bật máy lạnh
れいぞうこ tủ lạnh　　ぼう　き　へや

書く練習

季　節

暖　冷

読みながら書きましょう

四季
し　き

季節
き　せつ

暖かい
あたた

冷たい
つめ

冷える
ひ

冷める
さ

18

Unit 1 時

328 温 warm [ON] ám — 12画
`丶 冫 冫 氵 沪 沪 沪 沮 温 温 温 温`

← 氵水(みず)＋日(い)＋皿(さら)：皿に入れた水が日 the sun / mặt trời で温かくなる(あたた)

- あたた-かい 温かい※ warm ám, ám áp
- あたた-か 温か(な)※ warm ám, ám áp
- あたた-める 温める※ to warm/heat (up) làm ám, hâm nóng
- オン 温度(おんど) heat, temperature nhiệt độ
- 気温(きおん) (atmospheric) temperature nhiệt độ không khí

▶ 温かいタオル hot/steamed towel ám/ khăn ám
▶ 温かい料理(りょうり) warm food món ăn nóng
▶ 温かな家庭(かてい)を作(つく)る to raise a loving family ※ xây dựng một gia đình ám áp
▶ スープを温める to warm up the soup ※ hâm nóng súp
▶ 部屋(へや)の温度を上(あ)げる to raise the room temperature ※ tăng nhiệt độ phòng
▶ 最低気温(さいてい) the minimum temperature ※ nhiệt độ thấp nhất

329 熱 heat [NHIỆT] nóng — 15画
`一 十 土 丰 圥 坴 幸 坴 刲 刲 刲 刲 刲 刲 刲`

← 土(つち)儿丮＋丸(がん)＋灬火(ひ)：火で熱(あつ)くなる

- あつ-い 熱い(あつ) hot nóng
- ネツ 熱(ねつ) heat, fever sốt
- (ネッ-) 熱心(な)(ねっしん) enthusiastic nhiệt tình

▶ 熱(あつ)くて飲(の)めない too hot to drink ※ nóng quá không thể uống được
▶ 少(すこ)し熱がある to have a slight fever ※ bị sốt nhẹ
▶ 熱心に聞(き)く to listen attentively ※ chăm chú lắng nghe

書く練習

温 温　熱 熱

※「暖かい」「暖める」は空気や部屋の温度に使います。「温かい」「温める」は水や食べ物、気持ちなどに使います。

読みながら書きましょう

温かい(あたた)
気温(きおん)
熱い(あつ)
熱(ねつ)
熱心(ねっしん)

読む問題

❶ この部屋(へや)、(1)暖房(ぼう)が効(き)いて、(2)暖(あたた)かいですね。　(1)＿＿＿ (2)＿＿＿

❷ (3)温(あたた)かかったコーヒーが(4)冷(さ)めてしまった。　(3)＿＿＿ (4)＿＿＿

❸ 部屋(へや)の(5)温度(おんど)が低(ひく)すぎたので、(6)冷房(ぼう)を切(き)った。　(5)＿＿＿ (6)＿＿＿

❹「田中(たなか)さん、手(て)が(7)熱(あつ)いですよ。」「少(すこ)し(8)熱があるんです。」　(7)＿＿＿ (8)＿＿＿

❺ どの(9)季節(きせつ)が好(す)きですか。　(9)＿＿＿

書く問題

❶「(1)しき」とは、春(はる)、夏(なつ)、秋(あき)、冬(ふゆ)のことです。　(1)＿＿＿

❷ 暑(あつ)いので(2)つめたい飲(の)み物(もの)がほしいです。　(2)＿＿＿

❸ 子(こ)どもたちは先生(せんせい)の話(はなし)を(3)ねっしんに聞(き)いていた。　(3)＿＿＿

❹ 今日(きょう)は雨(あめ)で、(4)きおんが低(ひく)くなるでしょう。　(4)＿＿＿

❺ ストーブで部屋(へや)を(5)あたためた。　(5)＿＿＿

Unit 1

5

予定

週末の予定はありますか。
しゅうまつ　　よてい

期限が近いので
きげん　　ちか
家でレポートを書きます。
いえ　　　　　　　　　　か

友達と
ともだち
ドライブに行く
い
約束をしています。
やくそく

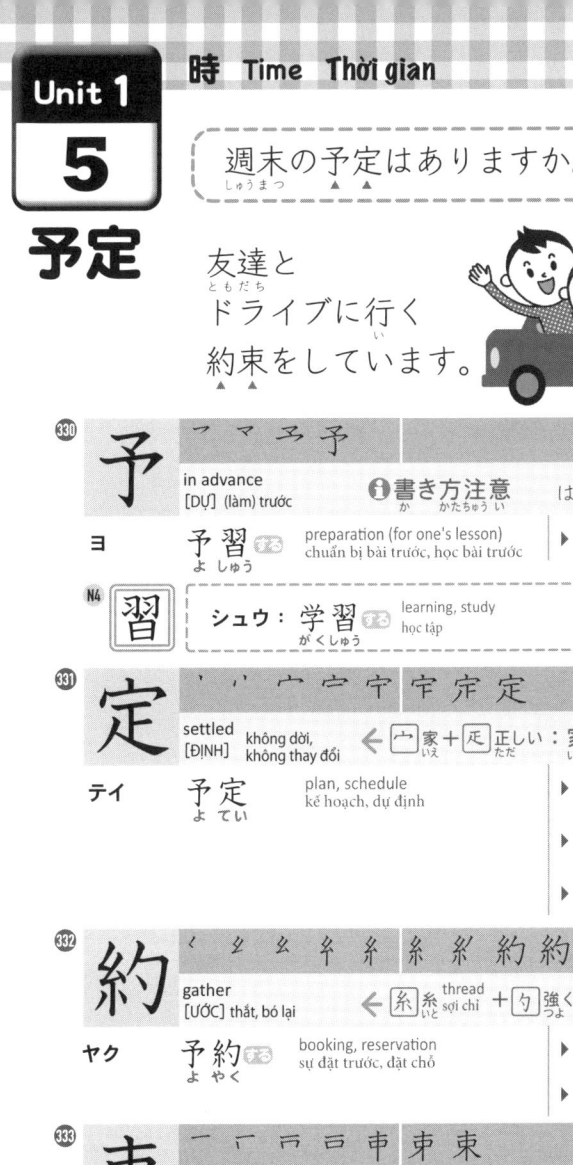

�330　予
｀　マ　ヌ　予　　　　　　　　　　　　　　　　　　4画

in advance
[DỰ] (làm) trước

❶書き方注意
か　　かた ちゅうい

はねる ── 予 ── 下にはらう
した

ヨ　　予習 [する]　preparation (for one's lesson)
　　よしゅう　　　　chuẩn bị bài trước, học bài trước

▶ 明日の予習をする　to prepare tomorrow's lessons
あした　　　　　　　　xem trước, chuẩn bị cho bài học ngày mai

N4　習　シュウ：学習 [する]　learning, study
　　　　　　　　　がくしゅう　　học tập
　　　　　　　　　　　　　　　　　　　　　　　かくにん 習う
　　　　　　　　　　　　　　　　　　　　　　　　　　なら

�331　定
｀　ˮ　宀　宀　宇　宇　定　定　　　　　　　　　　8画

settled
[ĐỊNH] không dời,
không thay đổi

⟵ 宀 家 ＋ 疋 正しい ：家にいて、動かない
　　　いえ　　　　ただ　　　　　いえ　　　　　うご

テイ　　予定　plan, schedule
　　　　よてい　kế hoạch, dự định

▶ 予定を立てる　to make a plan ＊ lập kế hoạch
た

▶ 夏休みに富士山に登る予定です。　I plan to climb Mt. Fuji during the summer vacation.
なつやす　　ふじさん　　のぼ　　　　　　Tôi dự định sẽ leo núi Phú Sĩ vào kỳ nghỉ hè.

▶ 週末の予定は特にない。　I don't have any plans for this weekend.
しゅうまつ　　　　とく　　　Tôi không có dự định gì vào cuối tuần này.

�332　約
く　乡　幺　糸　糸　糸　糸　約　約　　　　　　9画

gather
[ƯỚC] thắt, bó lại

⟵ 糸 糸 thread ＋ 勹 強くしめる tighten ：糸で強くしめて一つにする
　　いと　sợi chỉ　　　つよ　　　buộc chặt　　いと　つよ　　　　ひと

ヤク　　予約 [する]　booking, reservation
　　　　よやく　　　　sự đặt trước, đặt chỗ

▶ 6時に予約(を)する　to make a reservation for six o'clock ＊ đặt chỗ vào lúc 6 giờ
じ

▶ 予約をキャンセルする　to cancel a reservation ＊ hủy đặt chỗ

�333　束
一　丆　冂　曰　朿　束　束　　　　　　　　　7画

bind
[THÚC] bó, buộc

⟵ 切った木をしばった bind 形
　　き　　き　　　　　bó lại　かたち

たば　　束　batch, bundle
　　　　たば　bó

▶ 束にする　to bundle ＊ bó lại
たば

▶ 手紙の束　pile of letters ＊ bó thư
てがみ

　　　　花束　bouquet
　　　　はなたば　bó hoa

▶ バラの花束　bouquet of roses ＊ bó hoa hồng

ソク　　約束 [する]　promise
　　　　やくそく　　　lời hứa

▶ 約束(を)する　to promise ＊ hứa

▶ 約束を守る　to keep a promise
まも　　　giữ lời hứa

書く練習 ✏

予	定
約	束

😃 読みながら書きましょう
よ

予習
よしゅう

予定
よてい

予約
よやく

花束
はなたば

約束
やくそく

334 期 [キ]

一 十 廿 甘 甘 其 其 其 期 期 期 期　　12画

term khoảng thời gian, [KỲ] mong đợi ← 其 その ＋ 月 ：その月の間 ⇒ いつからいつまでと決めた、その間
つき　あいだ　　　　　　　　　　　　き　　　　　　　　あいだ

キ

期待する き たい	expectation sự kỳ vọng	▶ 親の期待にこたえる to meet parents' expectations ＊ đáp ứng sự kỳ vọng của bố mẹ おや
期間 き かん	term, period khoảng thời gian	▶ 私に期待(を)しないでください。 Don't have expectations for me. わたし　　　　　　　　　　　　　　Đừng kỳ vọng vào tôi.
前期 ぜん き	the first term/semester học kỳ I, kỳ trước	▶ 短い期間 short period of time ▶ 決められた期間 fixed peridggod of time みじか　　 khoảng thời gian ngắn　　き　　　　　　 khoảng thời gian đã được quy định
後期 こう き	the later period, the second term/semester học kỳ II, kỳ sau	▶ 前期の授業 first-semester class ＊ giờ học của học kỳ I じゅぎょう
		▶ 後期の試験 second-semester exam ＊ kỳ thi học kỳ II し けん

N4 待

タイ： 期待する
　　　　き たい

かくにん 待つ、待ち合わせる to arrange to meet (someone)
　　　　ま　　ま　あ　　　　　　hẹn gặp nhau

N5 後

コウ： 後期
　　　　こう き

かくにん 後ろ、この後、午後、最後、前後＝前と後ろ
　　　　うし　　　 あと　ご ご　さい ご　ぜん ご　　まえ　 うし

335 限 [ゲン]

フ ス ド ドⁿ ド ヲ ドヲ 阝 阸 限 限　　9画

limit ngưỡng, phạm vi [HẠN] được quy định ← 阝 丘 hill ＋ 艮 止まって動かない ：行き止まり dead end
おか dốc, đồi　と　うご　　　　い ど điểm cuối, đường cụt

ゲン

期限 き げん	deadline, time limit kỳ hạn, thời hạn	▶ 期限(＝しめきり)を決める to set a deadline ＊ đặt ra thời hạn き
		▶ 期限が切れる to expire ＊ hết thời hạn き

書く練習✏️

期 期　　限 限

読みながら書きましょう

期待 き たい	期 待				
期間 き かん	期 間				
期限 き げん	期 限				

読む問題📖

❶ 中山さんにはとても (1)期待しています。　　　　　　　　(1)＿＿＿＿＿
　 なかやま

❷ 川口さんと食事の (2)約束をしました。　　　　　　　　　(2)＿＿＿＿＿
　 かわぐち　　しょくじ

❸ 私は毎日 (3)予習しています。　　　　　　　　　　　　　(3)＿＿＿＿＿
　 わたし まいにち

❹ (4)前期の試験は９月初め、(5)後期の試験は２月末に
　　 し けん　がつはじ　　　　し けん　　　がつまつ
　 行います。　　　　　　　　　　　　(4)＿＿＿＿＿　(5)＿＿＿＿＿
　 おこな

❺ 誕生日にきれいなバラの (6)花束をもらった。　　　　　　(6)＿＿＿＿＿
　 たんじょう び

❻ 短い (7)期間でしたが、お世話になりました。　　　　　　(7)＿＿＿＿＿
　 みじか　　　　　　　　せ わ

書く問題✏️

❶ (1)やくそくは守ってください。　　　　　　　　　　　　(1)＿＿＿＿＿
　　　　　　ま も

❷ レポートの (2)きげんはいつですか。　　　　　　　　　　(2)＿＿＿＿＿

❸ 週末、旅行に行く (3)よていだったが、行けなくなった
　 しゅうまつ りょこう い　　　　　　　　　　　　　　い
　 のでホテルの (4)よやくをキャンセルした。　　(3)＿＿＿＿＿　(4)＿＿＿＿＿

Unit 1

6 時　Time　Thời gian

読み方の復習
<small>よ　かた　ふくしゅう</small>

/50

もんだい1　＿＿＿のことばはどう読みますか。ひらがなを□に書いてください。　（2点×5）

① 今月の (1)末に、友達と会う (2)約束をしました。
<small>ともだち</small>

② 私にとって妹はとても大切な (3)存在です。
<small>わたし</small>

③ 雨で体が (4)次第に (5)冷えてきました。

(1)	(2)
	(3)
(4)	(5)

もんだい2　＿＿＿のことばはどう読みますか。ひらがなを□に書いてください。　（1点×12）

① (1)昨年の (2)年末、会社を辞めました。(3)暖かい (4)季節になったら、新しい仕事を探します。
<small>や</small>　<small>さが</small>

②「どうしよう！　レポートの (5)期限が (6)過ぎちゃった。」

③「この店は、(7)平日の (8)晩でもこんでいます。並んで店に入る (9)順番を待ちましょう。」
<small>なら</small>

④「スープは (10)冷めてるから、食べる前にレンジで 50 (11)秒 (12)温めてね。」

(1)	(2)	(3)	(4)
(5)	(6)	(7)	(8)
(9)	(10)	(11)	(12)

もんだい3　＿＿＿のことばはどう読みますか。ひらがなを□に書いてください。　（2点×14）

　(1)本日、市民センターで「(2)第1回『(3)初めてのインターネット・ビジネス』セミナー」が行われました。(4)最初に「ビジネスの (5)過去と (6)現在」、(7)次に「(8)未来のビジネス・モデル」についての話があり、参加した※人は (9)熱心に講師の話を聞いていました。
<small>さん か</small>
セミナーの後のパーティーでは、(10)冷たい飲み物を飲みながら情報交換※をして、集
<small>じょうほうこうかん</small>
まった人たちはいい時間を (11)過ごしました。(12)次回は (13)再来週行われる (14)予定です。

※参加する to participate ＊ tham gia　　※情報交換 Information exchange ＊ trao đổi thông tin
<small>さん か</small>　　　　　　　　　　<small>じょうほうこうかん</small>

(1)	(2)	(3)	(4)	(5)
(6)	(7)	(8)	(9)	(10)
(11)	(12)	(13)	(14)	

7 書き方の復習（かきかたふくしゅう）

/50

もんだい1 ＿＿＿は漢字（かんじ）とひらがなでどう書（か）きますか。正（ただ）しいほうをa・bから選（えら）んでください。(2点×5)

① 今月（こんげつ）の(1)すえ{a.末　b.未}に、友達（ともだち）と会（あ）う(2)やくそく{a.約束　b.約東}をしました。

② 私（わたし）にとって妹（いもうと）はとても大切（たいせつ）な(3)そんざい{a.在存　b.存在}です。

③ 雨（あめ）で体（からだ）が(4)しだい{a.次弟　b.次第}に(5)ひえて{a.冷えて　b.泠えて}きました。

もんだい2 ＿＿＿は漢字（かんじ）とひらがなでどう書（か）きますか。□に書（か）いてください。 (1点×12)

① (1)さくねんの(2)ねんまつ、会社（かいしゃ）を辞（や）めました。(3)あたたかい (4)きせつになったら、新（あたら）しい仕事（しごと）を探（さが）します。

② 「どうしよう！　レポートの(5)きげんが(6)すぎちゃった。」

③ 「この店（みせ）は、(7)へいじつの(8)ばんでもこんでいます。並（なら）んで店（みせ）に入（はい）る(9)じゅんばんを待（ま）ちましょう。」

④ 「スープは(10)さめてるから食（た）べる前（まえ）にレンジで50(11)びょう(12)あたためてね。」

(1)	(2)	(3)	(4)
(5)	(6)	(7)	(8)
(9)	(10)	(11)	(12)

もんだい3 ＿＿＿は漢字（かんじ）とひらがなでどう書（か）きますか。□に書（か）いてください。 (2点×14)

(1)ほんじつ、市民（しみん）センターで「(2)だい1回（かい）『(3)はじめてのインターネット・ビジネス』セミナー」が行（おこな）われました。(4)さいしょに「ビジネスの(5)かこと(6)げんざい」、(7)つぎに「(8)みらいのビジネス・モデル」についての話（はなし）があり、参加（さんか）した人（ひと）は(9)ねっしんに講師（こうし）の話（はなし）を聞（き）いていました。セミナーの後（あと）のパーティーでは、(10)つめたい飲（の）み物（もの）を飲（の）みながら情報交換（じょうほうこうかん）をして、集（あつ）まった人（ひと）たちはいい時間（じかん）を(11)すごしました。(12)じかいは(13)さらいしゅう行（おこな）われる(14)よていです。

(1)	(2)	(3)	(4)	(5)
(6)	(7)	(8)	(9)	(10)
(11)	(12)	(13)	(14)	

1
結婚

結婚式 ▲▲▲ 夫婦 ▲▲

夫　妻

結ぶ ▲

---

336 式

一 二 テ 元 式 式　　6画

rule, model
[THỨC] cách thức, kiểu mẫu ← 工 仕事 + 弋 やり方、きまり：仕事のやり方
しごと　　　　　かた　　　　　　しごと　　　かた

シキ

___式　___ ceremony
しき　　lễ

▶ 入学式　entrance ceremony
にゅうがく　lễ khai giảng, lễ nhập học

▶ 開会式　opening ceremony ＊ lễ khai mạc
かいかいしき

日本式　Japanese-style
にほんしき　kiểu Nhật Bản,
phong cách Nhật Bản

▶ 日本式のあいさつ　Japanese-style greeting
chào hỏi kiểu Nhật

▶ 日本式の庭　Japanese-style garden
にわ　vườn kiểu Nhật

N4 開

カイ：開会する　opening (of a meeting)
かいかい　khai mạc

（かくにん）開く、開ける、開く
あ　　あ　　ひら

N4 閉

と-じる：閉じる　to close
と　đóng lại

ヘイ：閉会する　closing (of a meeting)
へいかい　bế mạc

（かくにん）閉まる、閉める
し　　し

---

337 結

く 幺 幺 幺 糸 糸 糸 約 結 結 結 結　12画

tie
[KẾT] buộc, cột ← 糸 thread + 吉 しっかりふた lid をした容器 container の形：糸をしっかり結ぶ
いと　sợi chỉ　　　　　　nắp　　　đồ để đựng　かたち　いと　　　　むす

むす-ぶ　結ぶ　to tie
むす　buộc, cột

▶ ひもで結ぶ　to tie with a string ＊ buộc bằng dây
むす

ケツ　結婚する（↓）
（ケッ-）けっこん

▶ 髪にリボンを結ぶ　to tie my hair with a ribbon ＊ buộc nơ ở tóc
かみ　　　　　むす

---

338 婚

く 女 女 女 妒 妒 妒 妒 婚 婚　11画

marriage
[HÔN] cưới, lấy vợ lấy chồng ← 女 + 昏 夜：昔、結婚式は夜に行われた
よる　むかし　けっこんしき　よる　おこな

コン　結婚する　marriage
けっこん　cưới, kết hôn

▶ サキはワンさんと結婚（を）した。　Saki married to Mr. Wan.
Saki đã kết hôn với anh Wan.

▶ 結婚式　wedding ceremony
けっこんしき　đám cưới, lễ kết hôn

---

339 婦

く 女 女 女 妇 妇 妇 婦 婦 婦 婦　11画

wife, woman
[PHỤ] vợ, người con gái đã
lấy chồng ← 女 + 帚（ヨー巾）ほうき broom：ほうきで家のそうじをする女の人 ⇒ 結婚した女の人
cái chổi　　　　いえ　　　　　　おんな ひと　けっこん　　　おんな ひと

フ　婦人　woman
ふじん　phụ nữ

主婦　homemaker
しゅふ　người nội trợ

▶ 婦人用　women's ＊ dành cho phụ nữ
よう

▶ 主婦の仕事　homemaker's chores ＊ công việc nội trợ
しごと

▶ 婦人服　women's wear ＊ quần áo phụ nữ
ふく

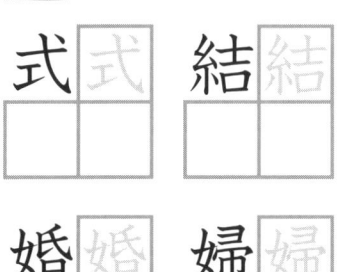

式 式
結 結
婚 婚
婦 婦

読みながら書きましょう

日本式　| 日 本 式 | | | |
にほんしき

結ぶ　| 結 ぶ | | | |
むす

結婚式　| 結 婚 式 | | | |
けっこんしき

婦人　| 婦 人 | | | |
ふじん

主婦　| 主 婦 | | | |
しゅふ

340 夫　一 二 チ 夫　4画

husband, man
[PHU] chồng, đàn ông

← 大 立っている人 ＋ 一 大人がつけるかんざし ornamental hairpin trâm cài tóc ： 大人の / 結婚した男の人

おっと	夫 おっと	husband chồng
フ	夫妻 ふさい	(↓)
フウ	夫婦 ふうふ	married couple vợ chồng
	工夫 くふう する	device, idea sự kỳ công, dày công suy nghĩ

▶ 私の夫は画家です。My husband is a professional painter. ＊ Chồng tôi là họa sĩ.
▶ 夫婦げんか quarrel between husband and wife ＊ vợ chồng cãi nhau
▶ 仕事が早く終わるように工夫(を)する to devise ways to finish work early Nghĩ cách làm sao để làm xong việc sớm.
▶ ノートの取り方を工夫する to devise better note-taking ＊ kỳ công trong cách ghi chép

N4 工　ク：工夫 くふう する

かくにん 工業、工場 ／ 工場、工事 する construction work công trình

341 妻　一 ラ ヨ ヨ 事 妻 妻 妻　8画

wife
[THÊ] vợ

← 十 かんざし ornamental hairpin trâm cài tóc ＋ ヨ 手の形 ＋ 女 ： かんざしにさわる女の人 ⇒ 妻

| つま | 妻 つま | wife vợ |
| サイ | 夫妻 ふさい | ＝夫と妻 |

▶ 毎朝妻と散歩する to go for a walk with my wife every morning ＊ đi dạo với vợ mỗi sáng
▶ 田中夫妻 Mr. and Mrs. Tanaka ＊ ông bà Tanaka

書く練習

夫　夫
妻　妻

読みながら書きましょう

夫 おっと ｜ 夫 ｜　｜　｜　　妻 つま ｜ 妻 ｜　｜　｜
夫婦 ふうふ ｜ 夫婦 ｜　｜　｜
工夫 くふう ｜ 工夫 ｜　｜　｜
夫妻 ふさい ｜ 夫妻 ｜　｜　｜

読む問題

❶ 山下さん(1)夫妻と食事をしました。　(1)_____

❷ (2)開会式でも(3)閉会式でも出席者を楽しませる(4)工夫が見られた。

(2)_____　(3)_____　(4)_____

❸ 私の(5)妻は(6)主婦です。　(5)_____　(6)_____

❹ 目を(7)閉じてください。　(7)_____

❺ (8)結婚したら、(9)夫婦で旅行に行きたい。　(8)_____　(9)_____

書く問題

❶ 屋上に(1)にほんしきの庭がつくられている。　(1)_____

❷ 漢字を(2)くふうして覚える。　(2)_____

❸ 靴のひもを(3)むすぶ。　(3)_____

❹ (4)おっとはデパートの(5)ふじん服売り場で働いています。　(4)_____　(5)_____

❺ 田中さんは来月(6)けっこんするそうです。　(6)_____

2 性格

人 Person Người

氏名：ヤン・ミン
出身地：ベトナム

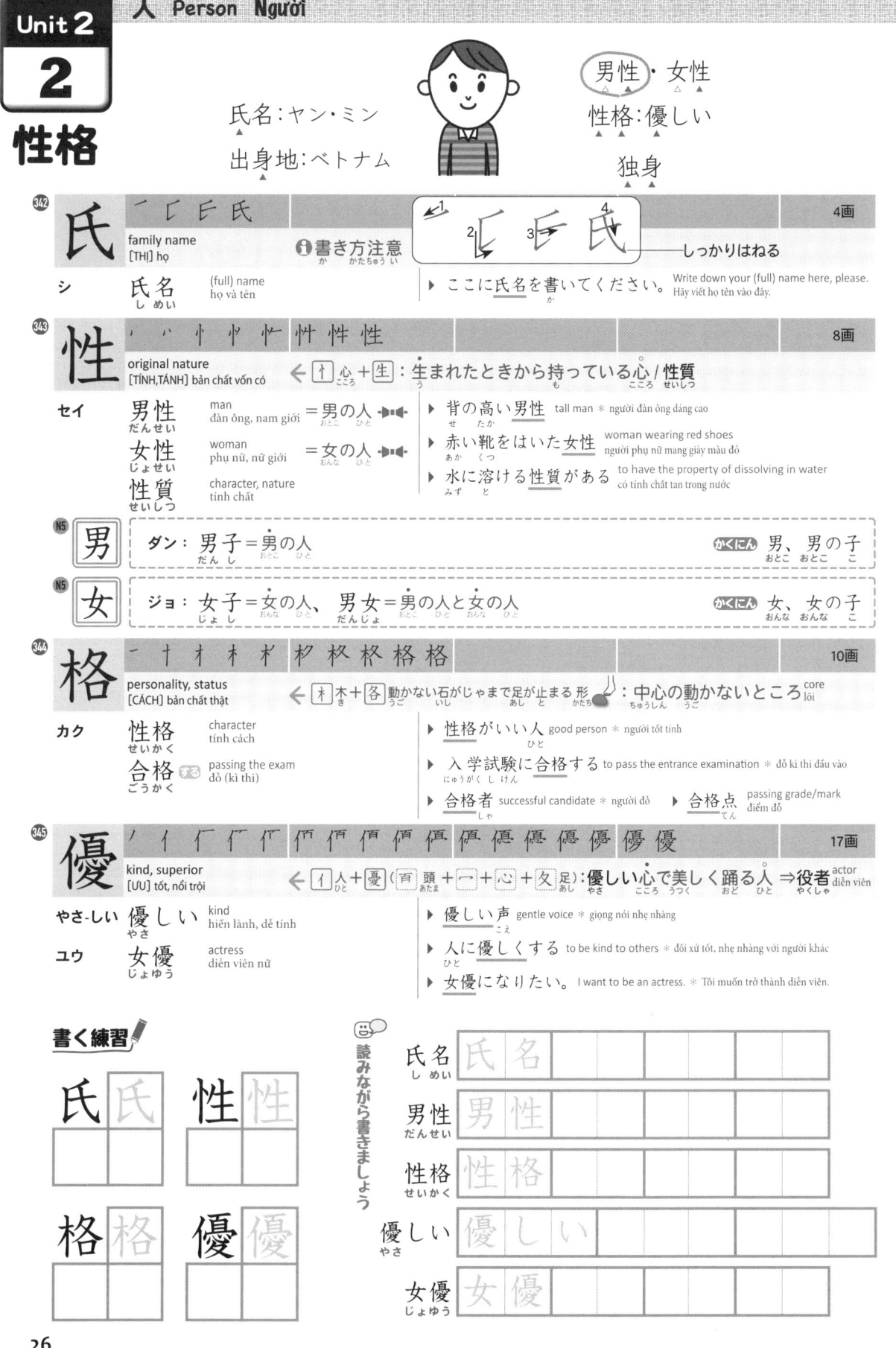

男性・女性
性格：優しい
独身

---

③⑳ 氏
一 厂 斤 氏
family name
[THI] họ
ⓘ書き方注意

②厂 ③斤 氏 —しっかりはねる

4画

シ
氏名 (full) name
しめい　họ và tên

▶ ここに氏名を書いてください。 Write down your (full) name here, please. Hãy viết họ tên vào đây.

---

③⑳ 性
` ＾ 忄 忄 忄 忤 性 性
original nature
[TÍNH,TÁNH] bản chất vốn có
←忄心＋生：生まれたときから持っている心/性質

8画

セイ
男性 man đàn ông, nam giới ＝男の人 ▶◀▶
だんせい

女性 woman phụ nữ, nữ giới ＝女の人 ▶◀▶
じょせい

性質 character, nature tính chất
せいしつ

▶ 背の高い男性 tall man ＊ người đàn ông dáng cao
せ たか

▶ 赤い靴をはいた女性 woman wearing red shoes
あか くつ người phụ nữ mang giày màu đỏ

▶ 水に溶ける性質がある to have the property of dissolving in water
みず と có tính chất tan trong nước

N5 男
ダン： 男子＝男の人
だんし おとこ ひと

かくにん 男、男の子
おとこ おとこ こ

N5 女
ジョ： 女子＝女の人、男女＝男の人と女の人
じょし おんな ひと だんじょ おとこ ひと おんな ひと

かくにん 女、女の子
おんな おんな こ

---

③⑳ 格
一 十 才 才 杦 柊 柊 格 格 格
personality, status
[CÁCH] bản chất thật
←木木＋各動かない石がじゃまで足が止まる形 ：中心の動かないところ core lõi
き いし あし と かたち ちゅうしん うご

10画

カク
性格 character tính cách
せいかく

合格 する passing the exam đỗ (kì thi)
ごうかく

▶ 性格がいい人 good person ＊ người tốt tính
ひと

▶ 入学試験に合格する to pass the entrance examination ＊ đỗ kì thi đầu vào
にゅうがく しけん

▶ 合格者 successful candidate ＊ người đỗ ▶ 合格点 passing grade/mark
しゃ てん diểm đỗ

---

③⑳ 優
ノ イ 仁 仃 仃 佰 佰 俥 俥 優 優 優 優 優 優 優 優
kind, superior
[UU] tốt, nổi trội
←イ人＋憂(百頭＋冖＋心＋夂足)：優しい心で美しく踊る人 ⇒役者 actor
ひと あたま こころ あし やさ こころ うつく おど ひと やくしゃ diễn viên

17画

やさ-しい
優しい kind hiền lành, dễ tính
やさ

ユウ
女優 actress diễn viên nữ
じょゆう

▶ 優しい声 gentle voice ＊ giọng nói nhẹ nhàng
こえ

▶ 人に優しくする to be kind to others ＊ đối xử tốt, nhẹ nhàng với người khác
ひと

▶ 女優になりたい。 I want to be an actress. ＊ Tôi muốn trở thành diễn viên.

書く練習

氏 氏
性 性
格 格
優 優

読みながら書きましょう

氏名 氏 名
しめい

男性 男 性
だんせい

性格 性 格
せいかく

優しい 優 し い
やさ

女優 女 優
じょゆう

346 身 　ノ　イ　勺　甸　身　身　身　　　7画

body
[THÂN] người, mình mẩy　← おなかに赤ちゃんがいる女の人の形
　　　　　　　　　　　　　　あか　　　　　　おんな　ひと　かたち

み	身につける	to wear/put on, to acquire mang, đeo vào; trang bị (kiến thức)
	身近 (な)	familia, close gần, thân thuộc, quen thuộc
	中身	contents nội dung, bên trong
シン	身長	height (of body) chiều cao (cơ thể)
	出身	to be from xuất thân

▶ アクセサリーを身につける　to put on accessaries ＊ đeo trang sức lên người

▶ 技術を身につける　to acquire skills ＊ trang bị kỹ năng, kỹ thuật
　 ぎじゅつ

▶ 身近なテーマ　familiar topic/subject/theme ＊ chủ đề quen thuộc

▶ スーツケースの中身　contents of a suitcase ＊ đồ đạc bên trong vali

▶ 身長が伸びる　to grow (taller) ＊ cao lên　　▶ 出身地　hometown ＊ quê quán
　　　　 の　　　　　　　　　　　　　　　　　　　　　　　　　ち

▶ 出身校はどちらですか。What school are you from? ＊ Bạn tốt nghiệp trường nào?
　　　　 こう

347 独 　ノ　イ　犭　犭　犭　犯　狆　独　独　　　9画

one person
[ĐỘC] một mình　←犭犬＋虫 snake con rắn の形🐛：1匹でいる犬と虫 ⇒ひとりでやる・生きる
　　　　　 いぬ　　　 かたち　　　　　びき　　　 いぬ むし　　　　　　　　 い

| ドク | 独身 | single, unmarried độc thân |
| | 独立 する | independence độc lập |

▶ 独身男性　single man người đàn ông độc thân　　▶ 独身生活　single life ＊ cuộc sống độc thân
　 だんせい　　　　　　　　　　　　　　　　　　　　　　　 せいかつ

▶ 会社から独立 (を) する　to leave the company for starting one's own business
　 かいしゃ　　　　　　　　　　　　 tách khỏi công ty và thành lập công ti riêng

▶ 独立記念日　Independence Day ＊ ngày độc lập
　　 きねんび

N4 立　リツ：独立 する　　　　　　かくにん 立つ
　　　　　　 どくりつ　　　　　　　　　　　た

書く練習 ✏️

身 身　　独 独

読みながら書きましょう 💬

身近　身 近
みぢか

出身　出 身
しゅっしん

独身　独 身
どくしん

独立　独 立
どくりつ

読む問題 📖

❶ ユウさんはとても (1)優しい (2)男性です。　(1)＿＿＿＿＿　(2)＿＿＿＿＿

❷ ここに、住所と (3)氏名を書いてください。　(3)＿＿＿＿＿
　　　　　　 じゅうしょ　　　　　　 か

❸ 弟 は (4)独身です。明るい (5)性格です。　(4)＿＿＿＿＿　(5)＿＿＿＿＿
　 おとうと　　　　　　　 あか

❹ 今日は (6)身近なテーマについて話しましょう。　(6)＿＿＿＿＿
　 きょう　　　　　　　　　　　　　 はな

❺ プレゼントの (7)中身はないしょ※です。※ないしょ（＝ひみつ、他の人に言わない）(7)＿＿＿＿＿
　　　　　　　　　　　　　　　　　　　　　　　　 ほか ひと　い

❻ 塩には水に溶けるという (8)性質があります。　(8)＿＿＿＿＿
　 しお　 みず　と

書く問題 ✏️

❶ 妹 が、私の (1)しゅっしん大学に (2)ごうかくしました。　(1)＿＿＿＿＿　(2)＿＿＿＿＿
　 いもうと　 わたし　　　　　　 だいがく

❷ 何か (3)みにつけるものをプレゼントしたいです。　(3)＿＿＿＿＿
　 なに

❸ 私はこの (4)じょゆうさんが好きです。　(4)＿＿＿＿＿
　 わたし　　　　　　　　　 す

❹ 私の (5)しんちょうは165センチです。　(5)＿＿＿＿＿
　 わたし

❺ 今日はアメリカの (6)どくりつ記念日です。　(6)＿＿＿＿＿
　 きょう　　　　　　　　　　　　 きねんび

3 お客様

人 Person Người

いらっしゃいませ

お客様は
何名様ですか。
なんめい

彼が田中君です。
たなか
彼女は田中君の奥さんです。
たなか

田中さんのお宅
たなか

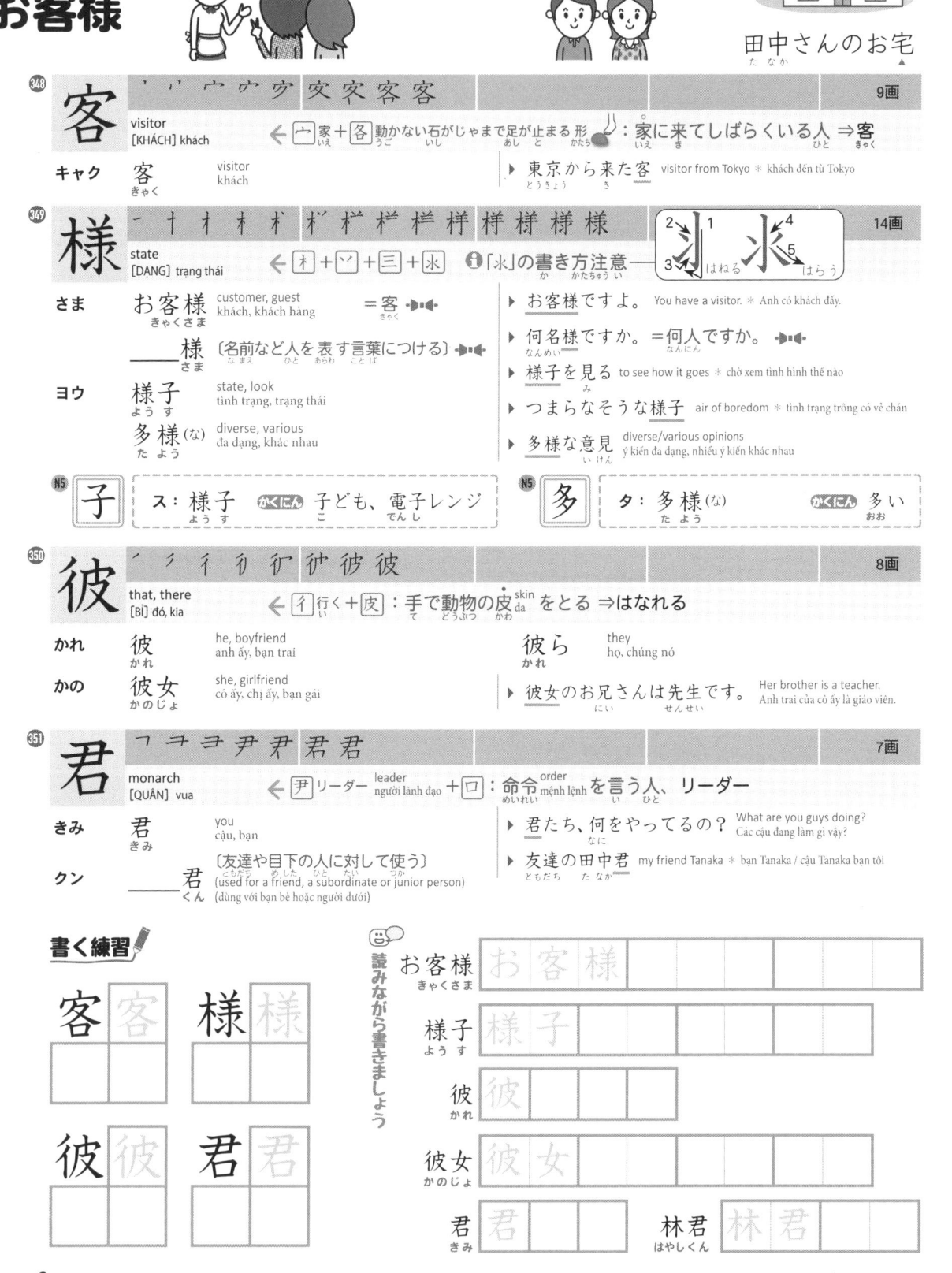

---

348 客 visitor [KHÁCH] khách — 9画

ノ ハ ウ ヴ 灾 灾 灾 客 客

←宀家 + 各 動かない石がじゃまで足が止まる 形 ♪ ：家に来てしばらくいる人 ⇒客
いえ うご いし あし かたち いえ き ひと きゃく

キャク | 客 visitor / khách
きゃく

▶ 東京から来た客 visitor from Tokyo ＊ khách đến từ Tokyo
とうきょう き きゃく

---

349 様 state [DẠNG] trạng thái — 14画

一 十 才 术 术 杧 杧 栏 样 样 样 様 様 様

←木 + ⺍ + 三 + 氺 ❶「氺」の書き方注意 ── 2 1 4 氺 はねる はらう
か かた ちゅうい 3 5

さま | お客様 customer, guest / khách, khách hàng ＝客
きゃくさま きゃく

＿＿様 〔名前など人を表す言葉につける〕
さま なまえ ひと あらわ ことば

ヨウ | 様子 state, look / tình trạng, trạng thái
よう す

多様(な) diverse, various / đa dạng, khác nhau
た よう

▶ お客様ですよ。 You have a visitor. ＊ Anh có khách đấy.

▶ 何名様ですか。＝何人ですか。
なんめい なんにん

▶ 様子を見る to see how it goes ＊ chờ xem tình hình thế nào
よう す み

▶ つまらなそうな様子 air of boredom ＊ tình trạng trông có vẻ chán
よう す

▶ 多様な意見 diverse/various opinions
た よう いけん ý kiến đa dạng, nhiều ý kiến khác nhau

N5 子 | ス：様子 かくにん 子ども、電子レンジ
よう す こ でんし

N5 多 | タ：多様(な) かくにん 多い
た よう おお

---

350 彼 that, there [BỈ] đó, kia — 8画

ノ ハ ノ 彳 彳 彴 彷 彼 彼

←彳行く + 皮 skin da ：手で動物の皮をとる ⇒はなれる
い て どうぶつ かわ

かれ | 彼 he, boyfriend / anh ấy, bạn trai
かれ

彼女 she, girlfriend / cô ấy, chị ấy, bạn gái
かのじょ

かの

彼ら they / họ, chúng nó
かれ

▶ 彼女のお兄さんは先生です。 Her brother is a teacher.
かのじょ にい せんせい Anh trai của cô ấy là giáo viên.

---

351 君 monarch [QUÂN] vua — 7画

フ ヲ ヲ 尹 尹 君 君

←尹 リーダー leader người lãnh đạo + 口：命令 order mệnh lệnh を言う人、リーダー
めいれい い ひと

きみ | 君 you / cậu, bạn
きみ

クン | ＿＿君 〔友達や目下の人に対して使う〕
くん ともだち めした ひと たい つか
(used for a friend, a subordinate or junior person)
(dùng với bạn bè hoặc người dưới)

▶ 君たち、何をやってるの？ What are you guys doing?
きみ なに Các cậu đang làm gì vậy?

▶ 友達の田中君 my friend Tanaka ＊ bạn Tanaka / cậu Tanaka bạn tôi
ともだち たなか

書く練習✏️

客 客 | 様 様

彼 彼 | 君 君

読みながら書きましょう

お客様 | お 客 様
きゃくさま

様子 | 様 子
よう す

彼 | 彼
かれ

彼女 | 彼 女
かのじょ

君 | 君
きみ

林君 | 林 君
はやしくん

352 奥

´ 宀 宀 宀 冉 南 南 南 㢠 奥 奥　12画

奥
inner part
[ÁO] chỗ sâu bên trong
← 冂 部屋 + 米 + 大 人 : 部屋の奥にある米をさがす
　　へや　　こめ　　ひと　　　　　　へや　　おく　　こめ

オク

奥
おく
the back
phía sâu bên trong

奥さん
おく
Mrs. ..., one's wife
vợ (của ai đó)

▶ 引き出しの奥 the back of a drawer ＊ phía sau bên trong của ngăn kéo
　ひ　だ　　おく

▶ 森さんの奥さん Mrs. Mori ＊ vợ của anh Mori
　もり　　　おく

▶ 奥さんはお元気ですか。 How's your wife? (How's Mrs.___?)
　おく　　　　げんき　　　　　　Vợ anh có khỏe không?

353 宅

´ 宀 宀 宀 宁 宅　6画

宅
house
[TRACH] nhà
← 宀 家 + 乇 休んでいる人の形 : 人の家
　　いえ　　やす　　　ひと　かたち　　ひと　いえ
宅
❶書き方注意
か　かたちゅうい
宅 しっかりはねる

タク

お宅
たく
＝家、あなたの家 ◄►■
いえ　　　いえ

自宅
じたく
＝自分の家
じぶん　いえ

帰宅する
きたく
＝家に帰ること
いえ　かえ

▶ 先生のお宅 teacher's house/home ＊ nhà của thầy/cô giáo
　せんせい　たく

▶ お宅はどちらですか。 Where is your home? ＊ Nhà anh ở đâu?
　たく

▶ 自宅は東京にあります。 My home is in Tokyo. ＊ Nhà tôi ở Tokyo.
　じたく　とうきょう

▶ その男の子の父親は6時ごろ帰宅する。
　おとこ　こ　ちちおや　じ　きたく
The boy's father will come home about/around six. ＊ Bố của cậu bé ấy về nhà vào lúc khoảng 6 giờ.

N4
帰
キ：帰宅する
きたく
かくにん 帰る
かえ

N4
親
おや：父親＝父、母親＝母
ちちおや　ちち　ははおや　はは
した-しい：親しい
した
close, intimate
thân thiết, gần gũi
かくにん 親切（な）
しんせつ

書く練習 ✎

奥 奥　　宅 宅

読みながら書きましょう 😊💬

奥さん おく	奥 さ ん				
お宅 たく	お宅				
自宅 じたく	自宅				
帰宅 きたく	帰宅				

読む問題 📖

❶ 社長「(1)君が 森(2)君ですか。どうぞよろしく。」　　　(1)＿＿＿ (2)＿＿＿
　しゃちょう　きみ　もり きみ

❷ (3)彼女は(4)帰宅したとき、少し
　かのじょ　　きたく　　　　すこ
　(5)様子が変だった。　　　(3)＿＿＿ (4)＿＿＿ (5)＿＿＿
　ようす　へん

❸ 初めて(6)彼の(7)奥さんに会った。　　　(6)＿＿＿ (7)＿＿＿
　はじ　かれ　おく　　あ

❹ 今晩(8)自宅に(9)客が来る予定だ。　　　(8)＿＿＿ (9)＿＿＿
　こんばん　じたく　きゃく　く　よてい

❺ ぼくはこの子の(10)父親と(11)親しくしています。　(10)＿＿＿ (11)＿＿＿
　こ　ちちおや　した

❻ 店員「いらっしゃいませ。何名(12)様ですか。」　　(12)＿＿＿
　てんいん　　　　　　　　　なんめい　さま

書く問題 ✏️

❶ パスポートは、(1)じたくの本だなの(2)おくにあります。　(1)＿＿＿ (2)＿＿＿
　　　　　　　　　　　　ほん

❷ (3)おきゃくさまから(4)たような意見をいただいた。　(3)＿＿＿ (4)＿＿＿
　　　　　　　　　　　　　　いけん

❸ 林さんの家は、社長の(5)おたくの近くです。　　(5)＿＿＿
　はやし　いえ　しゃちょう　　　　ちか

4 健康

人 Person Người

私の祖父は
健康です。

好物は
魚料理です。

血圧を測っています。

体力も
あります。

鼻から
血が出ています。

---

354 健 ノ イ イ´ イ⁻ 仴 侓 侓 律 健 健 健　　11画

healthy
[KIEN] khoẻ mạnh　←　イ 人 ＋ 建 体 をまっすぐ立てて歩く：人 が元気に立つ

ケン　健康(な) (↓)
　　　けんこう

おなじ
健　建
健康　建設※
けんこう　けんせつ
おなじ
※建設
けんせつ
→557 設

---

355 康 ` ⼀ 广 广 庐 庐 庐 庚 唐 康 康　　11画

peaceful
[KHANG] sự yên bình　←　广 やね roof ＋ ⺕ 手の形 ＋ 氺 かたい米 ⇒じょうぶでかたい
　　　　　　　　　　　　　　　　やね　　　　　　て　かたち　　　　かたい米 こめ

コウ　健康(な)　healthy
　　　けんこう　khoẻ mạnh

▶ 健康な体　healthy body ※ cơ thể khỏe mạnh
　　　　から だ
▶ 健康によくない　to be bad for one's health
　　　　　　　　　không tốt cho sức khỏe

▶ 心の健康　mental health ※ sức khỏe tinh thần
　こころ
▶ 健康によい食品　healthy food
　　　　　　しょくひん　thực phẩm tốt cho sức khỏe

---

356 圧 一 厂 厂 圧 圧　　5画

pressure
[ÁP] áp lực　←　厂 ＋ 土：上から土を押して、つぶす
　　　　　　　　　　　うえ　　お

アツ　圧力　pressure
　　　あつりょく　áp lực

▶ 圧力をかける　to apply pressure to ※ gây áp lực

N4 力　リョク：入力する　to input
　　　　　　　　にゅうりょく　nhập vào, gõ vào　　　　かくにん 力
　　　　　　　　　　　　　　　　　　　　　　　　　ちから

N4 体　タイ：体力　physical strength
　　　　　　たいりょく　thể lực　　　　　　かくにん 体
　　　　　　　　　　　　　　　　　　からだ

---

357 血 ノ ⼃ 白 白 血 血　　6画

blood
[HUYẾT] máu　←　ノ ＋ 皿：神様のために皿に血を入れる
　　　　　　　　　　　かみさま　　さら　ち

ち　血　blood
　　ち　máu
ケツ　血圧　blood pressure
　　　けつあつ　huyết áp

▶ 血が出ている　to be bleeding ※ đang bị chảy máu
　　　で
▶ 血圧が 高い / 低い　to have high/low blood pressure ※ huyết áp cao/thấp
　　　　　たか　　ひく

▶ 血を止める　to stop bleeding ※ cầm máu
　　　と

書く練習 ✏

健 | 健 |
圧 | 力 |
康 | 康 |
血 | 血 |

読みながら書きましょう 💬

健康　| 健康 |
けんこう

圧力　| 圧力 |
あつりょく

血　| 血 |
ち

血圧　| 血圧 |
けつあつ

358 測 measure [TRẮC] đo
`ミ ; 氵 沪 沪 沪 沪 測 測 測 測 測` 12画

← 氵水 みず ＋ 貝 深いなべ ふか nồi có đáy sâu の形 かたち deep pan ＋ 刂 刀 かたな sword gươm ：なべと刀を並べて水の深さを測る

はか-る 測る（はか） to measure / đo lường

▶ 身長を測る（しんちょう） to measure height ＊ đo chiều cao
▶ 机のサイズを測る（つくえ） to measure a desk ＊ đo kích thước của cái bàn
▶ 血圧を測る（けつあつ） to measure blood pressure ＊ đo huyết áp

359 鼻 nose [TỴ] mũi
`' ⼴ ⼾ ⾃ ⾃ 自 鼻 鼻 鼻 畠 畠 鼻 鼻 鼻` 14画

← 自 鼻の形 はな かたち ＋ 田 ＋ 廾

はな 鼻（はな） nose / mũi

▶ 鼻から血が出る（で） to have a bloody nose ＊ chảy máu mũi
▶ ゾウは鼻が長い。（なが） Elephants have long trunks. ＊ Con voi thì có vòi dài.
▶ ティッシュで鼻をかむ to blow one's nose with a tissue ＊ xì mũi bằng khăn giấy

N4 好 コウ：好物＝好きな食べ物（こうぶつ ＝ す た もの）　かくにん 大好き（だいす）

書く練習 測 鼻

読みながら書きましょう 測る（はか） 鼻（はな）

読む問題
❶ (1)血圧を(2)測ってください。　(1)＿＿ (2)＿＿
❷ パソコンで文字を(3)入力した。（もじ）　(3)＿＿
❸ (4)鼻から(5)血が出ていますよ。だいじょうぶですか。（で）　(4)＿＿ (5)＿＿
❹ 私の(6)好物はチョコレートだ。でも、甘いものを食べすぎるのは（わたし）（あま）（た） (7)健康によくないと医者に言われた。（いしゃ い）　(6)＿＿ (7)＿＿
❺ (8)体力をつけるには食事と運動が大切です。（しょくじ うんどう たいせつ）　(8)＿＿

書く問題
❶ ゾウの(1)はなは長いです。（なが）　(1)＿＿
❷ 水の(2)あつりょくを「すいあつ」と言います。（みず）（い）　(2)＿＿
❸ (3)けんこうに注意してください。最近(4)けつあつが高いですよ。（ちゅうい）（さいきん）（たか）　(3)＿＿ (4)＿＿
❹ 子どもの身長を(5)はかった。（こ）（しんちょう）　(5)＿＿
❺ ガラスで手を切ってしまい、(6)ちが止まらない。（て き）（と）　(6)＿＿

31

寝る

人 Person Người

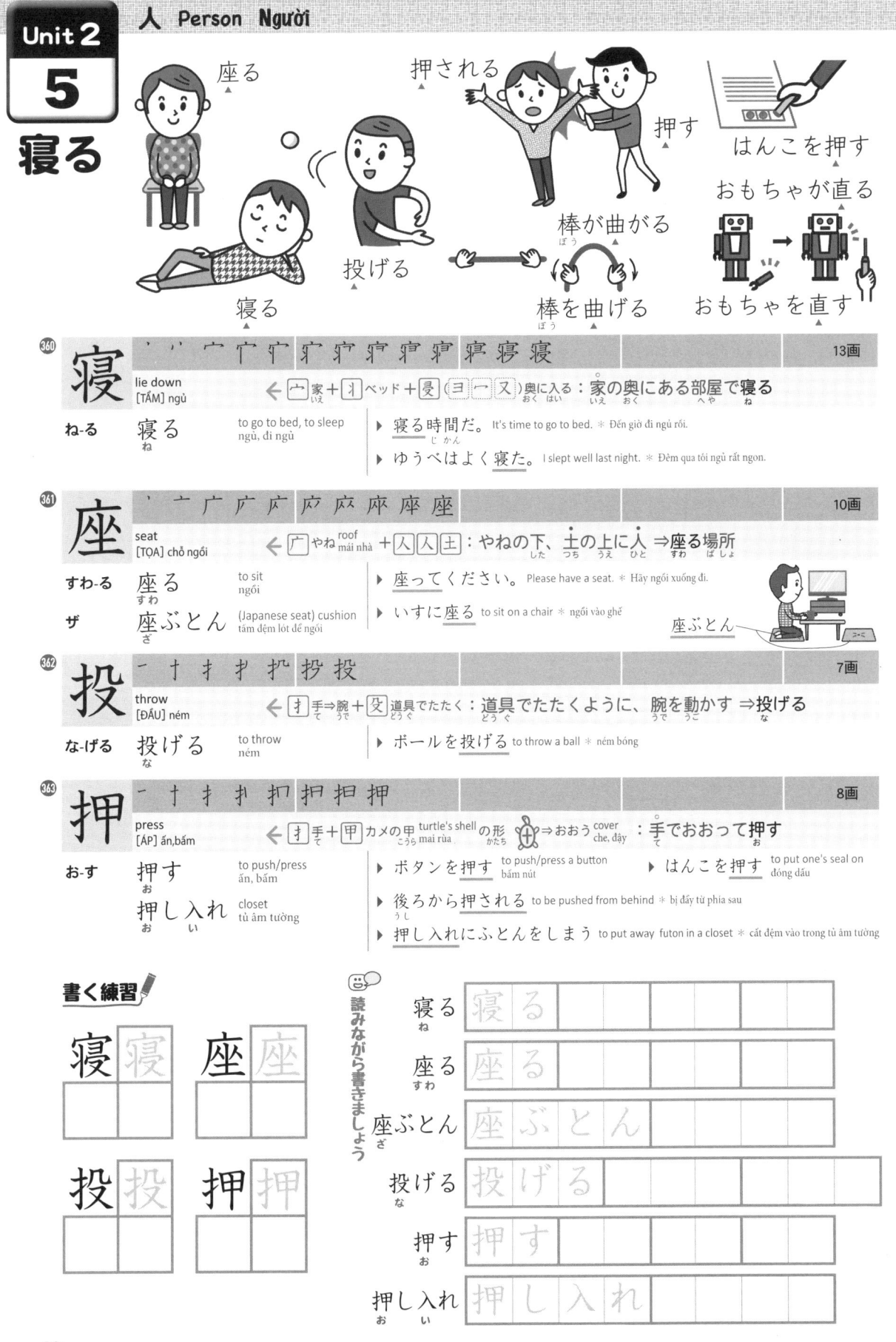

座る
押される
押す
はんこを押す
おもちゃが直る
棒が曲がる
ぼう
投げる
寝る
棒を曲げる
ぼう
おもちゃを直す

---

360 寝 `丶 丶 宀 宀 宀 疒 疒 疒 疒 疒 疒 寝 寝` 13画

lie down
[TẨM] ngủ
← 宀 家 いえ ＋ 爿 ベッド ＋ 侵 (ヨ 一 又) 奥に入る おく はい：家の奥にある部屋で寝る いえ おく へや ね

ね-る 寝る ね to go to bed, to sleep ngủ, đi ngủ
▶ 寝る時間だ。 ね じかん It's time to go to bed. ※ Đến giờ đi ngủ rồi.
▶ ゆうべはよく寝た。 ね I slept well last night. ※ Đêm qua tôi ngủ rất ngon.

---

361 座 `丶 亠 广 广 广 广 庐 座 座 座` 10画

seat
[TỌA] chỗ ngồi
← 广 やね roof mái nhà ＋ 人 人 土：やねの下、土の上に人 ⇒ 座る場所 した つち うえ ひと すわ ばしょ

すわ-る 座る すわ to sit ngồi
▶ 座ってください。 すわ Please have a seat. ※ Hãy ngồi xuống đi.

ザ 座ぶとん ざ (Japanese seat) cushion tấm đệm lót để ngồi
▶ いすに座る すわ to sit on a chair ※ ngồi vào ghế

座ぶとん

---

362 投 `一 十 扌 扌 护 投 投` 7画

throw
[ĐẦU] ném
← 扌 手 ⇒ 腕 て うで ＋ 殳 道具でたたく どうぐ：道具でたたくように、腕を動かす ⇒ 投げる どうぐ うで うご な

な-げる 投げる な to throw ném
▶ ボールを投げる な to throw a ball ※ ném bóng

---

363 押 `一 十 扌 扌 扣 押 押 押` 8画

press
[ÁP] ấn, bấm
← 扌 手 て ＋ 甲 カメの甲 turtle's shell こうら mai rùa の形 かたち ⇒ おおう cover che, đậy：手でおおって押す て お

お-す 押す お to push/press ấn, bấm
▶ ボタンを押す お to push/press a button bấm nút
▶ はんこを押す お to put one's seal on đóng dấu
押し入れ お い closet tủ âm tường
▶ 後ろから押される うし お to be pushed from behind ※ bị đẩy từ phía sau
▶ 押し入れにふとんをしまう お い to put away futon in a closet ※ cất đệm vào trong tủ âm tường

---

書く練習

寝 寝
座 座
投 投
押 押

読みながら書きましょう

寝る ね ｜ 寝 る
座る すわ ｜ 座 る
座ぶとん ざ ｜ 座 ぶ と ん
投げる な ｜ 投 げ る
押す お ｜ 押 す
押し入れ お い ｜ 押 し 入 れ

364 曲

いﾄ口巾曲曲曲　6画

bend
[KHÚC] cong

← 木などを曲げて作った物の形
き　　ま　　つく　もの かたち

ま-がる	曲がる ま	to bend/turn bị cong, rẽ
ま-げる	曲げる ま	to bend bẻ cong
キョク	曲 きょく	music, song, tune, melody khúc nhạc, bài hát

▶ 線が曲がっている。 The line is curved. ※ Đường kẻ bị cong.
せん

▶ 次の角を右に曲がる to turn right at the next corner ※ rẽ phải ở góc tiếp theo
つぎ かど みぎ

▶ 針金を曲げる to bend a wire ※ bẻ cong dây thép
はりがね

▶ 曲を作る to write music ※ viết/sáng tác bài hát
つく

Unit 2 人

365 直

一ﾅﾅﾅ亠直直直　8画

straight
[TRỰC] thẳng

← 十 まっすぐ ＋ 目 ＋ 乚 曲がる：曲がったものをまっすぐにする ⇒直す
ま　　　　　　　ま　　　　　　　　　なお

なお-る	直る なお	to be repaired/mended tình trạng hỏng được khắc phục, được sửa lại
なお-す	直す なお	to repair/mend/correct sửa
チョク	直前 ちょくぜん	just before ngay trước khi ＝すぐ前 まえ
	直後 ちょくご	just after ngay sau khi ＝すぐ後 あと
ジキ	正直(な) しょうじき	honesty thành thật, thật lòng

▶ パソコンが直る PC is repaired ※ máy vi tính hỏng được khắc phục
なお

▶ パソコンを直す to repair a PC ※ sửa máy vi tính
なお

▶ 入学試験の直前に風邪を引いた。I caught a cold just before the entrance exam.
にゅうがくしけん ぜん かぜ ひ Tôi bị cảm ngay trước kỳ thi tuyển sinh.

▶ 結婚した直後に病気になった。I became sick just after marriage.
けっこん ご びょうき Tôi bị ốm ngay sau khi kết hôn.

▶ 正直に言いなさい。Tell me the truth. Hãy nói thật lòng đi.
い

▶ 間違いを直す to correct mistakes sửa lỗi
まちが なお

▶ 正直に言うと to be honest, frankly speaking nói thẳng ra là, nói thật là
い

書く練習

曲曲　直直

読みながら書きましょう

曲げる ま	曲げる					
曲 きょく	曲					
直す なお	直す					
直前 ちょくぜん	直前					
正直 しょうじき	正直					

読む問題

❶ こわれたパソコンは(1)直りませんでした。　(1)_____

❷ (2)寝るときは(3)押し入れからふとんを出してください。(2)_____ (3)_____
だ

❸ (4)正直に言うと、この(5)曲はあまり好きじゃありません。(4)_____ (5)_____
い す

❹ これから(6)座ぶとんに(7)座ったままボールを(8)投げる
運動をしましょう。(6)_____ (7)_____ (8)_____
うんどう

❺ ドアが閉まった(9)直後に、電車は動き出した。(9)_____
し でんしゃ うご だ

書く問題

❶ ネクタイが(1)まがっていたので(2)なおした。(1)_____ (2)_____

❷ 弟はいつも(3)ねる(4)ちょくぜんまでゲームをしている。(3)_____ (4)_____
おとうと

❸ 私はいつもこのいすに(5)すわります。(5)_____
わたし

❹ 石を(6)なげないでください。(6)_____
いし

❺ このボタンを(7)おすと、ドアが開きます。(7)_____
ひら

6 読み方の復習
よ　かた　ふくしゅう

/50

もんだい1 ＿＿のことばはどう読みますか。ひらがなを□に書いてください。 （2点×6）
　　　　　　　　　　　　　　　　　　　　　　　　　　　　　　　よ　　　　　　　　か

① ボールの(1)投げ方を(2)工夫する。

② あの背が高い(3)女性は私の(4)妻です。
　　　　　　　　　　　　　わたし

③ (5)開会式でこの(6)曲を歌います。

(1)	(2)
(3)	(4)
(5)	(6)

もんだい2 ＿＿のことばはどう読みますか。ひらがなを□に書いてください。 （2点×11）
　　　　　　　　　　　　　　　　　　　　　　　　　　　　　　　よ　　　　　　　　か

① A 「(1)お客様はスミス様でしょうか。」

　 B 「いえ。ドアのそばに男の人が(2)座っていますね。あの方がスミスさんですよ。」

② A 「田中(3)君は(4)正直で、いい人ですね。(5)独身ですか。」
　　　 たなか

　 B 「いいえ、(6)彼は(7)結婚していますよ。」

　 A 「そうですか。(8)奥さんはどんな人ですか。」

　 B 「(9)優しくて きれいな人です。」

③ ここに(10)氏名を書いてください。それから、はんこを(11)押してください。

(1)	(2)	(3)	(4)
(5)	(6)	(7)	(8)
(9)	(10)	(11)	

もんだい3 ＿＿のことばはどう読みますか。ひらがなを□に書いてください。 （2点×8）
　　　　　　　　　　　　　　　　　　　　　　　　　　　　　　　よ　　　　　　　　か

　最近、(1)体力がなくなったのか、疲れがとれない。以前は、仕事で(2)帰宅が夜中になっ
　　　　　　　　　　　　　　　　　　　　　　　　　　　　　　　　　つか
てもだいじょうぶだったのに、今は朝起きられない。いつまでも(3)寝ていたいと思う。
(4)血圧が低いのかもしれないと思って(5)測ってみたが、問題はない。(6)夫に話したら、「そ
んなのふつうだよ、もう50歳なんだから。そんなこと気にするほうが(7)健康によくない
　　　　　　　　　　さい
よ。」と言われた。そうかもしれないが、私は気になったことを放っておけない※(8)性格
　　　　　　　　　　　　　　　　　　　　わたし　　　　　　　　ほう
なので、近いうちに病院に行ってみようと思っている。※放っておけない：そのままにできない
　　　　　　　　　　　　　　　　　　　　　　　　　　　　ほう

(1)	(2)	(3)	(4)
(5)	(6)	(7)	(8)

7 書き方の復習
かきかた ふくしゅう

/50

もんだい1 ＿＿＿は漢字とひらがなでどう書きますか。正しいほうをa・bから選んでください。(2点×6)
かんじ か ただ えら

① ボールの(1)なげ ｛a. 投げ　b. 役げ｝方を(2)くふう ｛a. 工天　b. 工夫｝する。
かた

② あの背が高い(3)じょせい ｛a. 女姓　b. 女性｝は私の(4)つま ｛a. 妻　b. 婦｝です。
せ たか わたし

③ (5)かいかいしき ｛a. 開会式　b. 開会式｝でこの(6)きょく ｛a. 曲　b. 由｝を歌います。
うた

もんだい2 ＿＿＿は漢字とひらがなでどう書きますか。□に書いてください。 (2点×11)
かんじ か か

① A「(1)おきゃくさまはスミスさまでしょうか。」

　B「いえ。ドアのそばに男の人が(2)すわっていますね。あの方がスミスさんですよ。」
おとこ ひと かた

② A「田中(3)くんは(4)しょうじきで、いい人ですね。(5)どくしんですか。」
たなか ひと

　B「いいえ、(6)かれは(7)けっこんしていますよ。」

　A「そうですか。(8)おくさんはどんな人ですか。」
ひと

　B「(9)やさしくて きれいな人です。」
ひと

③ ここに(10)しめいを書いてください。それから、はんこを(11)おしてください。
か

(1)	(2)	(3)	(4)
(5)	(6)	(7)	(8)
(9)	(10)	(11)	

もんだい3 ＿＿＿は漢字とひらがなでどう書きますか。□に書いてください。 (2点×8)
かんじ か か

　最近、(1)たいりょくがなくなったのか、疲れがとれない。以前は、仕事で(2)きたくが夜中に
さいきん つか いぜん しごと よなか

なってもだいじょうぶだったのに、今は朝起きられない。いつまでも(3)ねていたいと思う。
いま あさお おも

(4)けつあつが低いのかもしれないと思って(5)はかってみたが、問題はない。(6)おっとに
ひく おも もんだい

話したら、「そんなのふつうだよ、もう50歳なんだから。そんなこと気にするほうが
はな さい き

(7)けんこうによくないよ。」と言われた。そうかもしれないが、私は気になったこと
い わたし き

を放っておけない(8)せいかくなので、近いうちに病院に行ってみようと思っている。
ほう ちか びょういん い おも

(1)	(2)	(3)	(4)
(5)	(6)	(7)	(8)

心 こころ Mind Cảm xúc

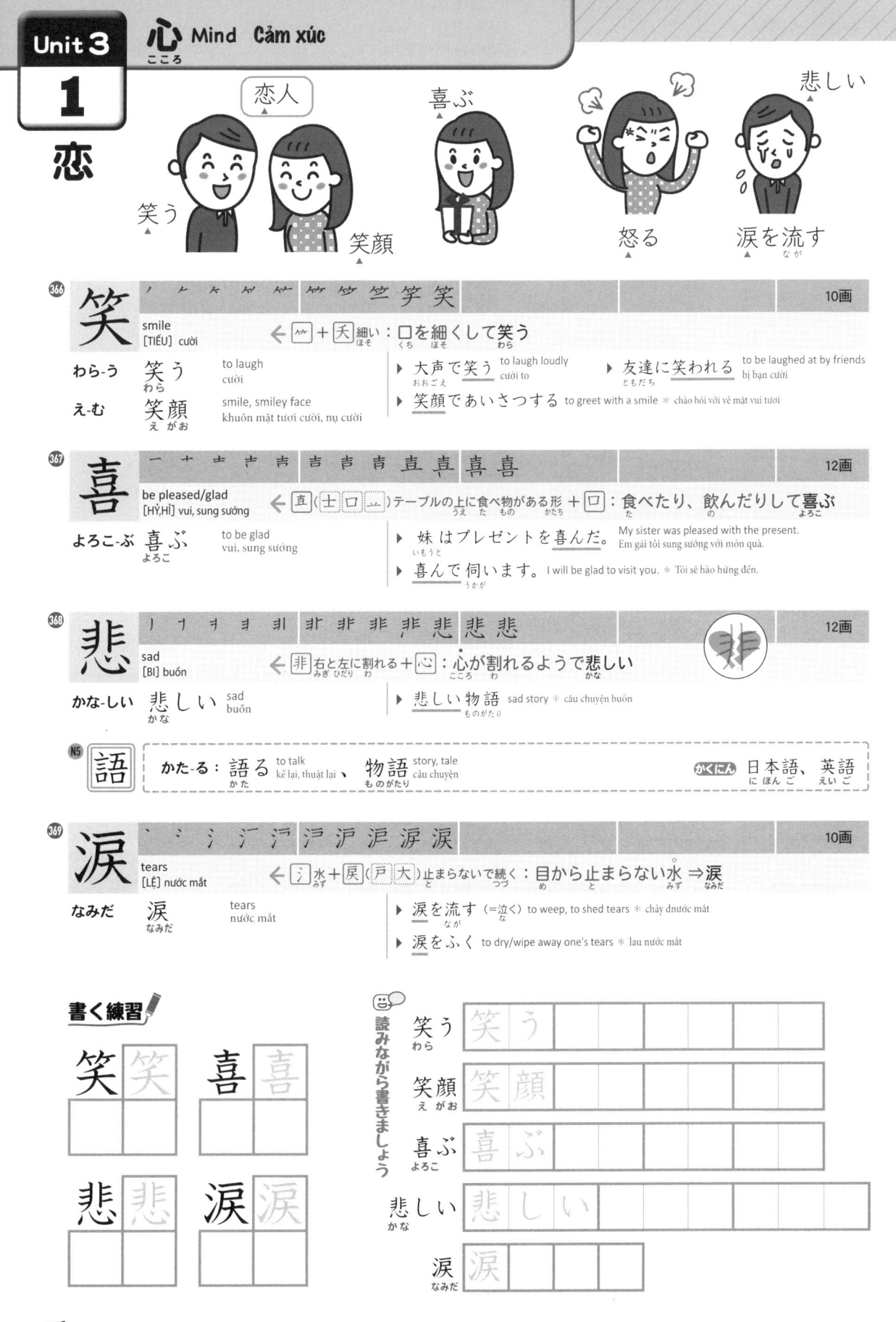

恋人

喜ぶ

悲しい

笑う ▲

笑顔 ▲

怒る ▲

涙を流す ▲ なが

---

366 笑 　ノ　ト　ケ　ゲ　ゲ　竺　笁　竿　笑 　10画

smile [TIẾU] cười ← [竹] + [天]細い：口を細くして笑う
　　　　　　　　　　　　　ほそ　くち　ほそ　　わら

わら-う 　笑う 　to laugh / cười
　　　　　わら

▶ 大声で笑う to laugh loudly / cười to
　　おおごえ　わら

▶ 友達に笑われる to be laughed at by friends / bị bạn cười
　　ともだち　わら

え-む 　笑顔 　smile, smiley face / khuôn mặt tươi cười, nụ cười
　　　　　えがお

▶ 笑顔であいさつする to greet with a smile ※ chào hỏi với vẻ mặt vui tươi

---

367 喜 　一　十　士　吉　吉　吉　吉　吉　壴　壴　喜　喜 　12画

be pleased/glad [HỶ,HI] vui, sung sướng ← [壴]（[士][口][豆]）テーブルの上に食べ物がある形 ＋ [口]：食べたり、飲んだりして喜ぶ
　　　　　　　　　　　　　　　　　　　　　うえ　た　もの　かたち　　　　た　　　の　　　　よろこ

よろこ-ぶ 　喜ぶ 　to be glad / vui, sung sướng
　　　　　　よろこ

▶ 妹はプレゼントを喜んだ。My sister was pleased with the present.
　　いもうと　　　　　　　よろこ　　Em gái tôi sung sướng với món quà.

▶ 喜んで伺います。I will be glad to visit you. ※ Tôi sẽ hào hứng đến.
　　よろこ　うかが

---

368 悲 　丿　丿　ヲ　ヲ　非　非　非　非　非　悲　悲　悲 　12画

sad [BI] buồn ← [非]右と左に割れる ＋ [心]：心が割れるようで悲しい
　　　　　　　　　　みぎ　ひだり　わ　　　　　　　こころ　わ　　　　　　かな

かな-しい 　悲しい 　sad / buồn
　　　　　　かな

▶ 悲しい物語 sad story ※ câu chuyện buồn
　　かな　ものがたり

N5 語 かた-る：語る to talk / kể lại, thuật lại 、 物語 story, tale / câu chuyện
　　　　　　　　　　かた　　　　　　　　　　　　　　　ものがたり

かくにん 日本語、英語
　　　　　　にほんご　えいご

---

369 涙 　丶　丶　氵　氵　汀　汀　泻　泻　涙　涙 　10画

tears [LỆ] nước mắt ← [氵]水＋[戻]（[戸][大]）止まらないで続く：目から止まらない水 ⇒ 涙
　　　　　　　　　　　　みず　　　　　　　　　　　と　　　　　つづ　　め　　　と　　　　みず　　なみだ

なみだ 　涙 　tears / nước mắt
　　　　　なみだ

▶ 涙を流す（＝泣く）to weep, to shed tears ※ chảy nước mắt
　　なみだ　なが　　な

▶ 涙をふく to dry/wipe away one's tears ※ lau nước mắt
　　なみだ

書く練習 ✏

笑　喜

悲　涙

読みながら書きましょう 💬

笑う 　笑う
わら

笑顔 　笑顔
えがお

喜ぶ 　喜ぶ
よろこ

悲しい 　悲しい
かな

涙 　涙
なみだ

370 怒

く 女 女 女フ 奴 怒 怒 怒 怒 — 9画

get angry
[NỘ] tức giận

← 女 女 + 又 手の形 ⇒ 力仕事 + 心：力仕事をする女の人の心 ⇒ 強く緊張した心

おこ-る	怒る（おこる）	to get angry / tức giận,mắng	▶ 彼は短気ですぐ怒る。 He is short-tempered and gets angry easily. Anh ấy là người nóng tính nên dễ nổi giận.
			▶ 母に怒られた（＝しかられた）。 I was scolded by my mother. ＊ Tôi bị mẹ mắng.
ド	怒鳴る（どなる）	to shout / hét lên, gào lên	▶ 怒鳴り声 yelling, shouting ＊ tiếng gào, tiếng hét (khi tức giận)

N4 短　タン：短気（な）（たんき） short-tempered (người) nóng nảy, nóng tính　かくにん 短い（みじかい）

371 恋

丶 亠 亣 亦 亦 亦 恋 恋 恋 恋 — 10画

love
[LUYẾN] yêu

← 亦 続く + 心：「好き」という心が続く ⇒ 恋

こい	恋（こい）	love / tình yêu	▶ 恋に落ちる to fall in love ＊ yêu, phải lòng
	恋人（こいびと）	boyfriend, girlfriend / người yêu	▶ 彼女には恋人がいる。 She has a boyfriend. ＊ Cô ấy có người yêu.
こい-しい	恋しい（こいしい）	to miss / nhớ, nhớ nhung	▶ ふるさとが恋しい。 I miss my hometown. ＊ Tôi nhớ quê hương.

書く練習

怒 怒　恋 恋

読みながら書きましょう

怒る（おこる）	怒	る						
怒鳴る（どなる）	怒	鳴	る					
恋人（こいびと）	恋	人						
恋しい（こいしい）	恋	し	い					

読む問題

❶ テストに合格し、彼は(1)涙を流して(2)喜んだ。　(1)＿＿＿＿ (2)＿＿＿＿

❷ 彼の(3)恋人は(4)笑顔がかわいい人です。　(3)＿＿＿＿ (4)＿＿＿＿

❸ 父は(5)短気ですぐ(6)怒鳴る。　(5)＿＿＿＿ (6)＿＿＿＿

❹ (7)悲しい(8)物語を読んだ。　(7)＿＿＿＿ (8)＿＿＿＿

❺ みんなの前で転んで(9)笑われた。　(9)＿＿＿＿

書く問題

❶ 日本に来てまだ1週間だが、もう国にいる家族が(1)こいしい。　(1)＿＿＿＿

❷ そんなに(2)おこらないでください。　(2)＿＿＿＿

❸ (3)かなしくて(4)なみだが止まらない。　(3)＿＿＿＿ (4)＿＿＿＿

❹「お昼をいっしょに食べませんか。」「はい、(5)よろこんで。」　(5)＿＿＿＿

❺ 森さんは明るい人で、いつも(6)わらっている。　(6)＿＿＿＿

感じる

お疲れ様　疲れた　ご苦労様です　感覚　頭が痛い　苦い　薬（くすり）

372 感

ノ厂厂厂戌戌咸咸咸咸　感感感　13画

impress
[CẢM] ấn tượng, cảm xúc
← ノ一口 ＋ 戈 武器 weapon ／ ＋ 心 ：武器で打って口を閉じさせる ⇒ 心が強く動く

カン	感じる かん	to feel / cảm thấy
	感じ かん	feeling / cảm giác
	感動 する かんどう	excitement / sự cảm động

▶ 悲しいと感じる　to feel sad / cảm thấy buồn
▶ 感じがする　to have the feel of something / có cảm giác như là ...
▶ 感動を伝える　to express the excitement ＊ thể hiện sự cảm động
▶ 暑く感じる　to feel hot / cảm thấy nóng
▶ 感じがいい店 みせ　pleasant/nice shop / cửa hàng tạo cảm giác dễ chịu

373 覚

丶丷丷丷丷学学学学学　覚覚　12画

notice, sense
[GIÁC] nhận biết, cảm giác
← 学ぶ まな ＋ 見 ：学んで（＝勉強して）はっきり見える ⇒ わかる、覚える おぼ

おぼ-える	覚える おぼ	to memorize / học thuộc, ghi nhớ
	覚えている おぼ	to remember / nhớ
さ-める	（目が）覚める め さ	to wake up / thức giấc, tỉnh giấc
さ-ます	（目を）覚ます め さ	to wake up / thức
カク	感覚 かんかく	sense / cảm giác

▶ たくさんの漢字を覚える　to memorize many kanjis / nhớ nhiều chữ Hán
▶ その男性をはっきり覚えている。　I remember the man clearly. / Tôi nhớ rõ người đàn ông ấy.
▶ 夜中に目が覚める　to wake up in the middle of the night ＊ thức giấc giữa đêm
▶ 目覚まし時計　alarm clock ＊ đồng hồ báo thức
▶ 指の感覚がない。　My fingers are numb. ＊ Tôi không có cảm giác ở các ngón tay.
▶ 方向感覚　sense of direction ＊ cảm nhận về phương hướng

374 痛

丶一广广广广疒疒疒痫痛痛痛　12画

painful, sore
[THỐNG] đau
← 疒 病気 びょうき ＋ 甬 通る とお ：病気が体を通る ⇒ 痛い

| いた-い | 痛い いた | painful, sore / đau |
| ツウ | 頭痛 ずつう | headache / đau đầu |

▶ 痛いところはありませんか。　Does it hurt anywere? / Anh có bị đau ở chỗ nào không?
▶ 頭痛がする／頭が痛い　I have a headache ＊ bị đau đầu

痛 おなじ 通
頭痛 ずつう　交通 こうつう →p.48
おなじ

N5 頭　ズ：頭痛 ずつう　かくにん 頭 あたま

✍ 書く練習

感 感　覚 覚

痛 痛

💬 読みながら書きましょう

感じる かん	感じる			
覚える おぼ	覚える			
覚める さ	覚める			
感覚 かんかく	感覚			
痛い いた	痛い			
頭痛 ずつう	頭痛			

375 疲

` 亠 广 广 疒 疒 疒 疒 疖 疲 疲　10画

be tired
[Bì] mệt

← 疒 病気 + 皮 皮 skin da ：病気のように体をまっすぐにできない ⇒疲れている

つか-れる　疲れる　to be tired

お疲れ様　〔いっしょに働いている人に言うあいさつ〕

▶ この仕事は疲れる。 This work is tiring. ＊ Làm công việc này thật mệt.

▶ お疲れ様 (です)。 Good-bye, see you tomorrow!; Let's call it a day.
Anh/chị đã vất và quá (Đây là một câu nói, lời chào xã giao, nhiều trường hợp được dùng tương tự như "chào anh/chị") .

376 苦

` 一 十 艹 艹 芒 芏 苦 苦　8画

bitter
[KHỔ] đắng

← 艹 草 grass くさ cỏ + 古 ：古くなった草 ⇒苦い

にが-い　苦い　bitter
đắng

苦手 (な)　to be not good at, to dislike
không giỏi, không thích

くる-しい　苦しい　hard, tough, difficult
khó khăn, khổ sở

ク　苦労する　(↓)

▶ 苦い薬 bitter medicine ＊ thuốc đắng

▶ 私はスポーツが苦手です。 I'm not good at sports.
Tôi không giỏi thể thao.

▶ 母は動物が苦手です。 My mother doesn't like animals.
Mẹ tôi không thích động vật.

▶ 苦しい練習 hard training
tập luyện cực khổ　　▶ 苦しい生活 hard life
cuộc sống cực khổ

377 労

` ` ` ` ` 兴 労　7画

labor, fatigue
[LAO, LAO] lao động, lao lực

← 兴 + 力 ：力を使う仕事、力を使って疲れた感じ

ロウ　苦労する　trouble, hardship
vất vả, cực khổ

ご苦労様　〔働いている人に言うあいさつ。目上の人には使わない。〕

▶ 苦労をかける to give/cause one trouble
làm cho người khác phải vất vả, cực khổ

▶ 覚えるのに苦労する to have difficulty remembering
rất vất vả để nhớ

▶ ご苦労様 (です)。 Thank you for your work. ＊ Anh/Chị vất vả quá.

書く練習

疲 疲

苦 苦

労 労

読みながら書きましょう

疲れる	疲 れ る		
苦い	苦 い		
苦しい	苦 し い		
苦労	苦 労		

読む問題

❶ みんなの名前を(1)覚えるのに(2)苦労しています。　(1)＿＿＿　(2)＿＿＿

❷ (3)苦いコーヒーを飲んで、目を(4)覚ました。　(3)＿＿＿　(4)＿＿＿

❸ (5)頭痛がひどいので帰ります。　(5)＿＿＿

❹ 先輩「じゃ、お先に。」 後輩「お(6)疲れ様でした。」　(6)＿＿＿

❺ 手が冷えすぎて指の(7)感覚がありません。　(7)＿＿＿

書く問題

❶ お金がなくて生活が(1)くるしくてもがんばる。　(1)＿＿＿

❷ 人の前で話すのは(2)にがてなのに、
スピーチをさせられて、(3)つかれた。　(2)＿＿＿　(3)＿＿＿

❸ おなかが(4)いたくて夜中に目が(5)さめた。　(4)＿＿＿　(5)＿＿＿

❹ (6)くろうして研究を進めた話を聞いて(7)かんどうした。　(6)＿＿＿　(7)＿＿＿

想像

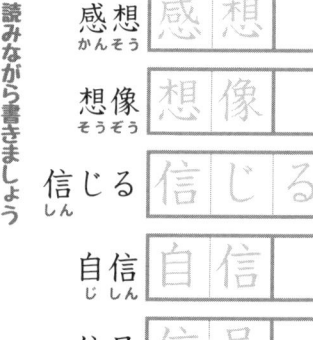

自分の未来が
想像できない……。

希望はあるよ！

自分を信じて！
自信を持って！

みんなが
君の幸せを
願っているよ！

378

想

一 十 才 木 朴 相 相 相 相 相 想 想 想　　13画

think
[TƯỞNG] suy nghĩ

← 木き ＋ 目め ＋ 心こころ ：木を目で見て、心で深く思う

ソウ　感想
かんそう
impression
cảm tưởng, cảm nghĩ

▶ 映画の感想　impressions of a movie ＊ cảm tưởng về bộ phim
えいが

379

像

ノ イ イ 仹 仹 侉 侉 侉 侉 像 像 像 像 像　　14画

figure
[TƯỢNG] hình ảnh

← 亻人ひと ＋ 象ゾウ elephant con voi → 象：人や動物の体の形、イメージ
どうぶつ　からだ　かたち

ゾウ　想像
そうぞう
imagination
sự tưởng tượng

▶ 自分の未来を想像する　to imagine one's future ＊ tưởng tượng về tương lai của mình
じぶん　みらい

▶ 車のない生活は想像できない。
くるま　　　せいかつ
I can't imagine life without a car.
Tôi không thể tưởng tượng ra được cuộc sống mà không có xe ô tô.

380

信

ノ 亻 亻 俨 佇 佇 信 信 信　　9画

truth
[TÍN] sự thật

← 亻人ひと ＋ 言 ：人の言うことが心の中と同じ ⇒ うそでなく、本当のこと
こころ　なか　おな　　　ほんとう

シン　信じる
しん
to believe/trust, to believe in
tin, tin tưởng

自信
じしん
confidence
sự tự tin

信号
しんごう
signal, traffic light
đèn giao thông

▶ 私たちは先生を信じている。　We believe in our teacher. ＊ Chúng tôi tin vào giáo viên.
わたし　　　せんせい

▶ 信じられない話　unbelievable story ＊ chuyện không thể tin được
はなし

▶ 日本語に自信がある　to be confident of one's Japanese tự tin vào khả năng tiếng Nhật
にほんご

▶ 自信をつける / なくす　to gain/lose confidence ＊ tự tin lên/ đánh mất sự tự tin

▶ 自信を持って答える　to answer with confidence ＊ tự tin trả lời
も　　こた

▶ 赤信号で止まる　to stop at the red light ＊ dừng đèn đỏ
あか　　　と

書く練習

想　想
像　像
信　信

読みながら書きましょう

感想　感 想
かんそう

想像　想 像
そうぞう

信じる　信 じ る
しん

自信　自 信
じ しん

信号　信 号
しんごう

381 希 ﾉ ﾒ ﾇ ﾇ 产 希 希 ｜ 7画

rare
[HY] ít, hiếm ← ﾒ + 布 布 cloth ： 布、織物 fabric の 糸 thread と 糸の間 ⇒ 小さい、少ない
ぬの vải　　おりもの đồ dệt　　いと sợi chỉ　　いと　あいだ　　ちい　　　すく

キ　希望する（↓）
　　きぼう

382 望 ` 亡 亡 望 望 期 胡 望 望 望 望 ｜ 11画

see, overlook
[VỌNG] nhìn, trông ← 亡 死ぬ + 月 + 王 王様 king ： ないもの・見えないものを、見ようとする
し　　　　　　　　おうさま vua　　　　　　　　　　　　　み

ボウ　希望する hope
　　　きぼう hy vọng; ước mong

▶ 希望がある / ない　there is a/no hope ＊ có/không có nguyện vọng

▶ 希望するコースを選んでください。 Please choose the course you want.
　　きぼう　　　　　えら　　　　　　　　　　 Hãy chọn khóa học theo nguyện vọng.

▶ 希望者 applicant/one who wishes to ... ＊ người có nguyện vọng
　　きぼうしゃ

383 願 ｀ 厂 厂 厂 厈 厈 原 原 原 原 原 原 願 願 願 願 願 願 願 ｜ 19画

wish, hope
[NGUYỆN] cầu, mong ← 原 物・事のはじめ →508 + 頁 頭 ： ずっと変わらないで一つのことを願う
　　　　　　　ものごと　　　　　あたま　　　　　　か　　　　　　ひと　　　　　　ねが

ねが-う　願う＝祈る to hope/wish
　　　ねが　　いの xin, cầu mong

　　　お願いします please
　　　　ねが vui lòng, làm ơn

▶ 勝ちたいと心から願う to wish to win from the bottom of one's heart
　　か　　　　　こころ　　ねが rất mong/khát khao giành chiến thắng

▶ 早く元気になることを願います。 I hope that you will get well soon.
　　はや　げんき　　　　　　　ねが Mong anh sớm khỏe lại.

▶ みんなが平和を願っている。 Everyone wishes for peace.
　　　　　　へいわ　ねが Mọi người đều cầu mong hòa bình.

▶ 洗濯をお願いします。 Please do the laundry. ＊ Nhờ (chị) giặt giúp tôi.
　　せんたく　ねが

書く練習

望　望
希　希
願　願

読みながら書きましょう

希望　希 望
きぼう

願う　願 う
ねが

お願い　お 願 い
ねが

読む問題 ❶ たくさん練習したので、明日の試合で勝つ(1)自信がある。 (1)＿＿＿＿
　　　　　　　　　れんしゅう　　　　あした　しあい　か

❷(2)希望者全員にパンフレット※を差し上げます。 (2)＿＿＿＿
　　しゃぜんにん　　　　　　　　　　さ　あ

　　※パンフレット brochure ＊ tờ rơi quảng cáo

❸ そんなひどい話、(3)信じられません。
　　　　　　　　はなし

　　うそであることを(4)願います。 (3)＿＿＿＿ (4)＿＿＿＿

❹ 100年後の世界を(5)想像してみましょう。 (5)＿＿＿＿
　　　ねんご　せかい

❺ (6)信号が青になるのを待つ。 (6)＿＿＿＿
　　　　　あお　　　　　ま

❻ この小説はどうでしたか。(7)感想を聞かせてください。 (7)＿＿＿＿
　　しょうせつ　　　　　　　　　き

書く問題 ❶ 私を(1)しんじてください。(2)おねがいします。 (1)＿＿＿＿ (2)＿＿＿＿
　　　　　わたし

❷ (3)きぼうする大学に合格する(4)じしんがあります。 (3)＿＿＿＿ (4)＿＿＿＿
　　　　　　　だいがく　ごうかく

❸ 電気のない生活を(5)そうぞうできますか。 (5)＿＿＿＿
　　でんき　　せいかつ

4 失礼

心 Mind Cảm xúc

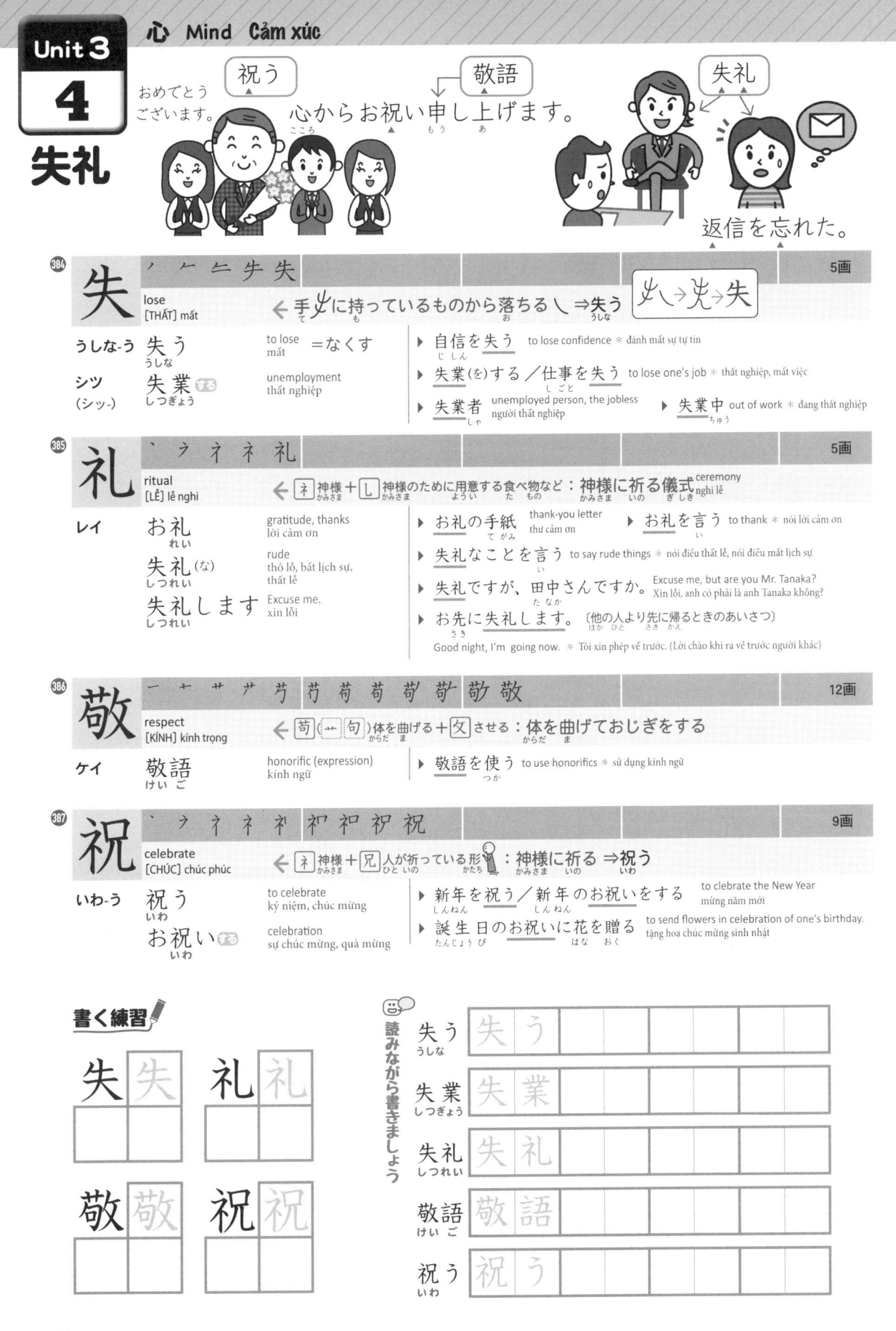

おめでとうございます。

祝う▲

敬語▲

失礼▲

心からお祝い申し上げます。

返信を忘れた。

---

384 失

ノ   ニ 牛 失 — 5画

lose [THẤT] mất

←手に持っているものから落ちる ＼ ⇒失う

先→失→失

うしな-う 失う／うしな to lose mất ＝なくす
シツ (シッ-) 失業する／しつぎょう unemployment thất nghiệp

▶ 自信を失う／じしん to lose confidence ＊ đánh mất sự tự tin
▶ 失業(を)する／仕事を失う／しごと to lose one's job ＊ thất nghiệp, mất việc
▶ 失業者／しゃ unemployed person, the jobless người thất nghiệp ▶ 失業中／ちゅう out of work ＊ đang thất nghiệp

---

385 礼

、 ラ ネ ネ 礼 — 5画

ritual [LỄ] lễ nghi

←ネ 神様／かみさま ＋ し 神様／かみさま 神様のために用意する食べ物など：神様に祈る儀式／かみさま いの ぎしき ceremony nghi lễ

レイ お礼／れい gratitude, thanks lời cảm ơn
失礼(な)／しつれい rude thô lỗ, bất lịch sự, thất lễ
失礼します／しつれい Excuse me. xin lỗi

▶ お礼の手紙／てがみ thank-you letter thư cảm ơn ▶ お礼を言う／い to thank ＊ nói lời cảm ơn
▶ 失礼なことを言う to say rude things ＊ nói điều thất lễ, nói điều mất lịch sự
▶ 失礼ですが、田中さんですか。／たなか Excuse me, but are you Mr. Tanaka? Xin lỗi, anh có phải là anh Tanaka không?
▶ お先に失礼します。／さき 〔他の人より先に帰るときのあいさつ〕／ほか ひと さき かえ Good night, I'm going now. ＊ Tôi xin phép về trước. (Lời chào khi ra về trước người khác)

---

386 敬

一 十 艹 艹 芍 芍 苟 苟 苟 苟 敬 敬 — 12画

respect [KÍNH] kính trọng

←苟(艹→句)体を曲げる／からだ ま ＋ 攵 させる：体を曲げておじぎをする／からだ ま

ケイ 敬語／けいご honorific (expression) kính ngữ

▶ 敬語を使う／つか to use honorifics ＊ sử dụng kính ngữ

---

387 祝

、 ラ ネ ネ 礻 初 初 祝 祝 — 9画

celebrate [CHÚC] chúc phúc

←ネ 神様／かみさま ＋ 兄 人が祈っている形／ひと いの かたち：神様に祈る／かみさま いの ⇒祝う／いわ

いわ-う 祝う／いわ to celebrate kỷ niệm, chúc mừng
お祝いする／いわ celebration sự chúc mừng, quà mừng

▶ 新年を祝う／しんねん ／新年のお祝いをする／しんねん to clebrate the New Year mừng năm mới
▶ 誕生日のお祝いに花を贈る／たんじょうび はな おく to send flowers in celebration of one's birthday. tặng hoa chúc mừng sinh nhật

---

書く練習✏

失 礼

敬 祝

読みながら書きましょう😊

失う／うしな	失 う					
失業／しつぎょう	失 業					
失礼／しつれい	失 礼					
敬語／けいご	敬 語					
祝う／いわ	祝 う					

388 返

一 厂 厂 反 返 返 返

return
[PHẢN] trả lại

7画

← 辶 進む + 反 反対 ：来た道を反対に進む ⇒返す
　　すす　　　はんたい　　き　みち　はんたい　すす　　　かえ

かえ-す	返す かえ	to return trả lại
	くり返す かえ	to repeat lặp lại
ヘン	返事 する へんじ	answer, reply sự hồi đáp
	返信 する へんしん	reply trả lời (email, tin nhắn)

▶ 図書館に本を返す to return a book to the library ＊ trả sách cho thư viện
　としょかん　ほん

▶ 同じ話をくり返す to repeat the same story ＊ lặp lại câu chuyện
　おな　はなし

▶ 返事（を）する to reply/answer ＊ hồi đáp, trả lời

▶ 返信メール e-mail /text reply ＊ email hồi đáp

389 忘

一 亡 亡 亡 忘 忘 忘

forget
[VONG] quên

7画

← 亡 死ぬ、なくなる + 心 ：心から消えてなくなる ⇒忘れる
　　し　　　　　　　　　こころ　こころ　き　　　　　　　　わす

| わす-れる | 忘れる わす | to forget/leave
quên |
| | 忘れ物 わす　もの | things left behind, lost article
đồ để quên |

▶ この言葉の意味を忘れました。 I have forgotten the meaning of this word.
　ことば　いみ　わす Tôi đã quên ý nghĩa của từ này rồi.

▶ あなたのことは忘れません。 I will never forget you. ＊ Tôi sẽ không bao giờ quên anh.
　わす

▶ スイッチを切るのを忘れる to forget to turn off a switch ＊ quên tắt công tắc
　き　　　わす

▶ 電車にかさを忘れる to leave an umbrella on the train ＊ để quên cái ô ở trên tàu điện
　でんしゃ　わす

▶ 忘れ物をする to leave something behind ＊ để quên đồ
　わす　もの

書く練習

返 返 　 忘 忘

読みながら書きましょう

返す かえ	返 す		
返事 へんじ	返 事		
返信 へんしん	返 信		
忘れる わす	忘 れ る		
忘れ物 わす　もの	忘 れ 物		

読む問題

❶ 電車に (1)忘れ物をしました。
　でんしゃ
(1)＿＿＿＿＿＿

❷ 合格したらお (2)祝いにおすしを食べに行きましょう。
　ごうかく　　　　　　　　た　い
(2)＿＿＿＿＿＿

❸ 林さんからのお (3)礼のメールに (4)返信した。
　はやし
(3)＿＿＿＿＿ (4)＿＿＿＿＿

❹ 先週、仕事を辞めさせられました。今 (5)失業中です。
　せんしゅう　しごと　や　　　　　　　いま　しつぎょうちゅう
(5)＿＿＿＿＿

❺ 火事で家を (6)失いました。
　かじ　いえ　うしな
(6)＿＿＿＿＿

❻ この間貸した CD を (7)返してください。
　あいだか　　　　　かえ
(7)＿＿＿＿＿

書く問題

❶ 台所にいる母を呼んだが (1)へんじがない。
　だいどころ　はは　よ
(1)＿＿＿＿＿

❷ お客様と話すとき、(2)けいごを使わないと (3)しつれいです。
　きゃくさま　はな　　　　　　　　　つか
(2)＿＿＿＿＿ (3)＿＿＿＿＿

❸ 図書館に本を (4)かえすのを (5)わすれていました。
　としょかん　ほん
(4)＿＿＿＿＿ (5)＿＿＿＿＿

❹ 友達が誕生日を (6)いわってくれた。
　ともだち　たんじょうび
(6)＿＿＿＿＿

Unit 3
5
残念

心配する　負けた　失敗　うれしい　勝った　残念

390

残 remain
[TÀN] còn lại

一　ア　歹　歹　歹　歹　歹　残　残　残　　10画

← 歹 骨 bone ほね xương ＋ 戈 形がなくなるくらい切る：少しだけ残る かたち き すこ のこ

のこ-る	残る のこ	to be left, to stay/remain bị bỏ lại, còn lại
のこ-す	残す のこ	to leave bỏ lại, để thừa lại
ザン	残業 ざんぎょう する	overtime (work) làm thêm giờ

▶ ケーキが少し残っている。 There is some cake left. ※ Còn thừa lại một ít bánh ngọt.
すこ のこ

▶ 父の言葉が心に残っている。 My father's words still remain in my mind.
ちち ことば こころ のこ Lời của bố vẫn đọng lại trong tim tôi.

▶ 晩ご飯を半分残した。 I left half my dinner. ※ Tôi bỏ lại một nửa phần cơm tối.
ばん はん はんぶん のこ

▶ 今日は残業だ。 I will work overtime today. ※ Hôm nay tôi phải làm thêm giờ.
きょう ざんぎょう

391

念 think, pray
[NIỆM] ý niệm, tưởng niệm

ノ　人　今　今　今　念　念　念　　8画

← 今 ＋ 心 ：心の中に今しっかりある気持ち こころ なか いま きも

| ネン | 残念(な) ざんねん | to be sorry, disappointing
tiếc, đáng tiếc |
| | 記念 き ねん | commemoration, memento
kỉ niệm |

▶ とても残念に思います。 I feel very disappointed. ※ Tôi cảm thấy rất tiếc.
ざんねん おも

▶ それは残念でしたね。 That's too bad. ※ Điều đó thật đáng tiếc quá nhỉ!
ざんねん

▶ 残念ですが、今日は伺えません。 I'm sorry, but I can't visit you today.
ざんねん きょう うかが Rất tiếc là hôm nay tôi không thể đến được.

▶ 記念に写真を撮る to take a photo to commemorate the event
き ねん しゃしん と chụp ảnh làm kỷ niệm

▶ 記念日 anniversary
き ねん び ngày kỉ niệm

392

配 distribute
[PHỐI] phân bổ, chia ra

一　丁　冂　丙　西　酉　酉　酉　配　配　　10画

← 酉 酒の入ったびんの形 ＋ 己人：人に酒を配る さけ はい かたち ひと ひと さけ くば

くば-る	配る くば	to hand out, to distribute phát ra, phân phối
ハイ	心配 しんぱい する	concern, worry sự lo lắng
(-パイ)		

▶ テストの用紙を配る to hand out exam papers ※ phát giấy làm bài kiểm tra
ようし くば

▶ 親に心配をかけたくない。 I don't want my parents to worry.
おや しんぱい Tôi không muốn làm cho bố mẹ lo lắng.

▶ 心配そうな顔で with a worried look ※ với vẻ mặt lo lắng
しんぱい かお

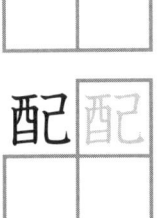
書く練習

残　残
念　念

配　配

読みながら書きましょう

残る のこ	残 る				
残業 ざんぎょう	残 業				
残念 ざんねん	残 念				
記念 き ねん	記 念				
配る くば	配 る				
心配 しんぱい	心 配				

③⑨③ 勝

丿 几 丹 月 月 月 胪 胪 胪 胪 胖 勝 勝　　　12画

win
[THẮNG] thắng

← 朕（月`・`天）持ち上げる + 力 : 持ち上げる力が強い ⇒ 他の人 / 物に勝っている

か-つ	勝つ	to win / chiến thắng	▶ サッカーの試合で私たちのチームが勝った。	Our team won the soccer game. / Đội chúng tôi đã thắng trong trận bóng bá.
ショウ	優勝する	championship / vô địch, giành giải nhất	▶ ゲームをして勝つ to win in the game ＊ chơi và giành chiến thắng trong trò chơi
			▶ カラオケ大会で優勝（を）した。 I won the karaoke contest/competition. / Tôi đã đạt giải nhất trong cuộc thi hát Karaoke.

Unit 3 心

③⑨④ 負

丿 ク ケ 勹 帠 角 角 負 負　　　9画

bear, carry
[PHỤ] vác, công

← 勹 人が下を見ている形 + 貝 お金、宝 treasure / vật quý giá : 人が財産 property / tài sản を背中に乗せている

| ま-ける | 負ける | to lose / thua | ▶ 試合に負けて残念だ。 I'm disappointed with losing the game. / Thật tiếc vì tôi đã thua trong trận đấu hôm nay. |
| フ (-ブ) | 勝負する | game, match / sự thắng thua, cuộc đấu | ▶ 勝負で負ける to lose the game / thua trong cuộc đấu ▶ 1対1で勝負（を）する to have a one-on-one battle / chiến đấu 1 chọi 1 |

③⑨⑤ 敗

丨 冂 冂 月 目 貝 貝 貯 貯 敗 敗　　　11画

lose
[BẠI] thua

← 貝 貝 shell / vỏ ⇒割れるもの + 攵 無理にさせる : 無理にさせて割れる ⇒相手に負ける

ハイ (-パイ)	失敗する	failure, mistake / sự thất bại ＝ミス	▶ 彼女はよく失敗（を）する。 She often makes mistakes. ＊ Cô ấy hay gặp thất bại./Cô ấy hay mắc lỗi.
			▶ 失敗（を）しないように注意する to take care not to fail / cẩn thận để không thất bại (/không hỏng việc)
			▶ 過去の失敗をくり返す to repeat the past mistake/failure ＊ lặp lại thất bại trong quá khứ

書く練習

負　負
勝　勝
敗　敗

読みながら書きましょう

勝つ	勝 つ			
優勝	優 勝			
負ける	負 け る			
勝負	勝 負			
失敗	失 敗			

読む問題

❶ 今日は両親の結婚(1)記念日です。　(1)＿＿＿＿＿＿

❷ 私の(2)失敗のせいで、試合に(3)負けてしまった。　(2)＿＿＿＿＿　(3)＿＿＿＿＿

❸ ピアノのコンクールで(4)優勝した。　(4)＿＿＿＿＿

❹ 仕事が(5)残っているので、今日も(6)残業します。　(5)＿＿＿＿＿　(6)＿＿＿＿＿

❺ 結婚式に来てくれた人に花を(7)配った。　(7)＿＿＿＿＿

❻ 弟とテニスで(8)勝負をして(9)勝った。　(8)＿＿＿＿＿　(9)＿＿＿＿＿

書く問題

❶ (1)ざんねんですが、実験は(2)しっぱいでした。　(1)＿＿＿＿＿　(2)＿＿＿＿＿

❷ テストの結果が(3)しんぱいで眠れません。　(3)＿＿＿＿＿

❸ 出かけている母のためにケーキを(4)のこしておいた。　(4)＿＿＿＿＿

❹ 去年(5)まけたチームに、2対1で(6)かった。　(5)＿＿＿＿＿　(6)＿＿＿＿＿

読み方の復習

/50

もんだい1　＿＿のことばはどう読みますか。ひらがなを□に書いてください。　　　　　（2点×5）

① 友達の(1)恋人は、冷たい(2)感じの人だった。

② (3)疲れて休んでいたら、急に(4)怒鳴られてびっくりした。

③ 先生に(5)お礼の手紙を書いた。

(1)	(2)
(3)	(4)
	(5)

もんだい2　＿＿のことばはどう読みますか。ひらがなを□に書いてください。　　　　　（2点×4）

①「お菓子がまだ(1)残っていますよ。みんなに(2)配りましょう。」

②A「今朝のレッスン※、どうして来なかったんですか。(3)心配しましたよ。」

　B「(4)目覚まし時計が止まっていたんです。」

※レッスン　lesson ＊ buổi học

(1)	(2)	(3)	(4)

もんだい3　＿＿のことばはどう読みますか。ひらがなを□に書いてください。　　　　　（2点×16）

　先週末、サッカーの大会※があった。ぼくは前の日に腰※が(1)痛くなってしまい、試合に出られなかった。今までの(2)苦労は何のためだったのかと思うと、(3)悲しくて(4)涙が出そうになった。でもチームのみんなを(5)信じ、(6)勝つことを(7)願って一生懸命応援した※。(8)負けそうな試合もあったが、全員が(9)希望を(10)失わないで最後まで走り続けた。その結果、一つ一つ勝ち進んで大会で(11)優勝することができた。ぼくは、自分が出られなくて(12)残念だと思ったことをいつの間にか(13)忘れて、一試合一試合心から応援し、勝てたことを(14)喜んだ。試合のあと(15)記念写真を撮ったが、みんないい(16)笑顔だった。

※サッカーの大会　soccer tournament ＊ giải đấu bóng đá　　※腰　waist/lower back ＊ hông　　※応援する　to support ＊ sự ủng hộ

(1)	(2)	(3)	(4)
(5)	(6)	(7)	(8)
(9)	(10)	(11)	(12)
(13)	(14)	(15)	(16)

7 書き方の復習

/50

もんだい1 ＿＿＿は漢字とひらがなでどう書きますか。正しいほうをa・bから選んでください。(2点×5)
かんじ　　　　　　　か　　　　　　　　　　ただ　　　　　　　　　　　　　えら

① 友達の(1)こいびと {a.恋人　b.変人} は、冷たい(2)かんじ {a.感じ　b.惑じ} の人だった。
ともだち　　　　　　　　　　　　　　　　　つめ　　　　　　　　　　　　　　　　　　　　　　ひと

②(3)つかれて {a.病れて　b.疲れて} 休んでいたら、急に(4)どなられて {a.怒鳴られて
やす　　　　　　　きゅう
b.恕鳴られて} びっくりした。

③ 先生に(5)おれい {a.お祝　b.お礼} の手紙を書いた。
せんせい　　　　　　　　　　　　　　　　　　　てがみ　か

もんだい2 ＿＿＿は漢字とひらがなでどう書きますか。□に書いてください。 (2点×4)
かんじ　　　　　　　か

①「お菓子がまだ(1)のこっていますよ。みんなに(2)くばりましょう。」
かし

②A「今朝のレッスン、どうして来なかったんですか。(3)しんぱいしましたよ。」
けさ　　　　　　　　　　　こ
　B「(4)めざましどけいが止まっていたんです。」
と

(1)	(2)	(3)	(4)

もんだい3 ＿＿＿は漢字とひらがなでどう書きますか。□に書いてください。 (2点×16)
かんじ　　　　　　　か

　先週末、サッカーの大会があった。ぼくは前の日に腰が(1)いたくなってしまい、試
せんしゅうまつ　　　　　　たいかい　　　　　　　　　　　まえ　ひ　こし　　　　　　　　　　　　　　　し
合に出られなかった。今までの(2)くろうは何のためだったのかと思うと、(3)かなしくて
あい　で　　　　　　　　　いま　　　　　　　　なん　　　　　　　　おも　　　　　　　　　　
(4)なみだが出そうになった。でもチームのみんなを(5)しんじ、(6)かつことを(7)ねがって一
で　　　　　　　　　　　　　　　　　　　　　　　　　　　　　　　　　　　　　　　いっ
生懸命応援した。(8)まけそうな試合もあったが、全員が(9)きぼうを(10)うしなわないで最後
しょうけんめいおうえん　　　　　　　しあい　　　　　　ぜんいん　　　　　　　　　　　　　　　さいご
まで走り続けた。その結果、一つ一つ勝ち進んで大会で(11)ゆうしょうすることができた。
はし　つづ　　　　　けっか　ひと　ひと　か　すす　たいかい
ぼくは、自分が出られなくて(12)ざんねんだと思ったことをいつの間にか(13)わすれて、一試
じぶん　で　　　　　　　　　　　　　おも　　　　　　　ま　　　　　　　　　　いっし
合一試合心から応援し、勝てたことを(14)よろこんだ。試合のあと(15)きねん写真を撮ったが、
あいいっしあいこころ　おうえん　か　　　　　　　　しあい　　　　　　　　　しゃしん　と
みんないい(16)えがおだった。

(1)	(2)	(3)	(4)
(5)	(6)	(7)	(8)
(9)	(10)	(11)	(12)
(13)	(14)	(15)	(16)

1 交差点

交通 Traffic　Giao thông
こうつう

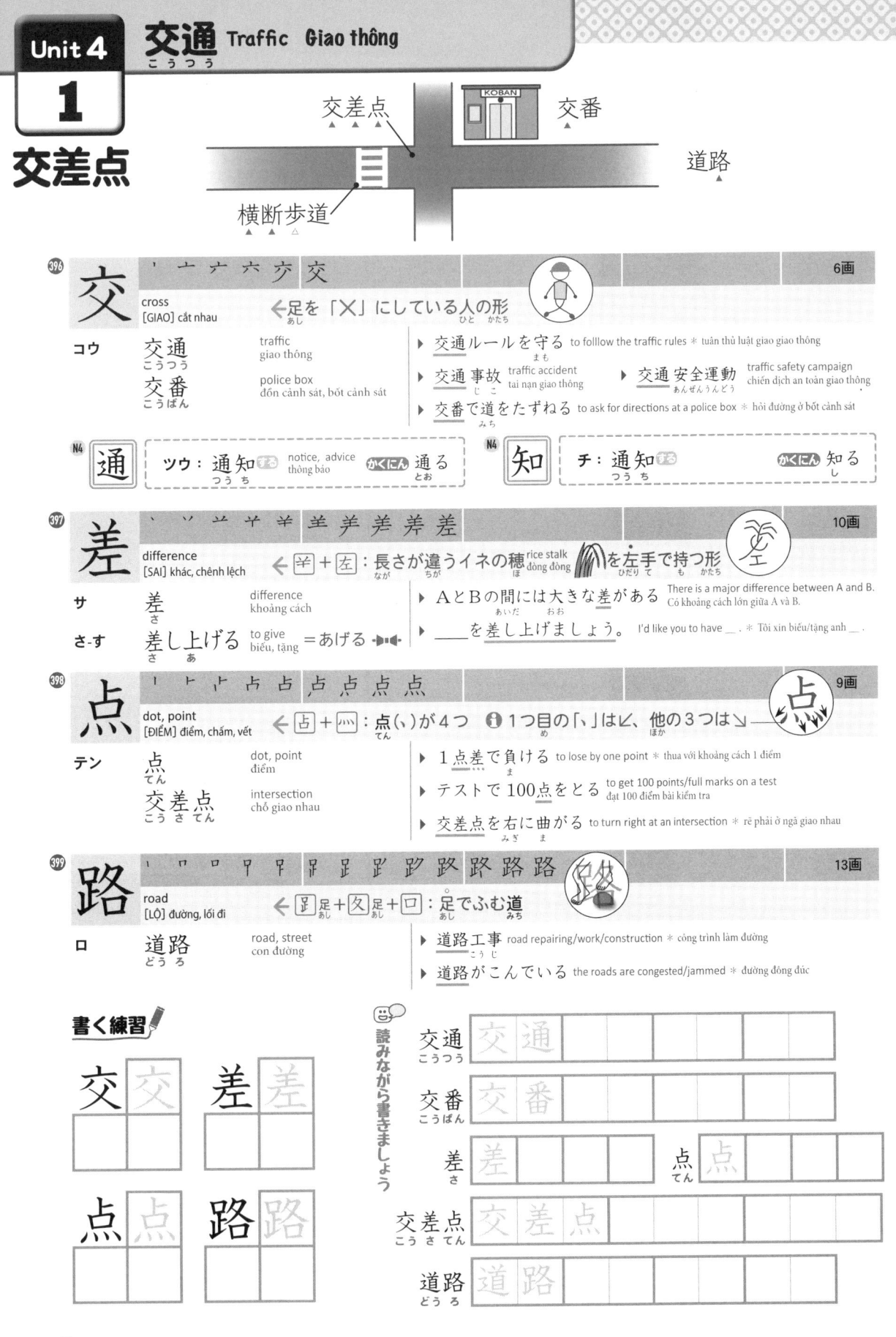

交差点　交番　道路
横断歩道

---

396 交
cross
[GIAO] cắt nhau

、 ナ ナ 六 交 交　6画

←足を「✕」にしている人の形
あし　　　　　　ひと　かたち

コウ
交通　traffic
こうつう　giao thông
交番　police box
こうばん　đồn cảnh sát, bốt cảnh sát

▶ 交通ルールを守る　to follow the traffic rules ＊ tuân thủ luật giao giao thông
まも
▶ 交通事故　traffic accident　　　▶ 交通安全運動　traffic safety campaign
じこ　tai nạn giao thông　　　　あんぜんうんどう　chiến dịch an toàn giao thông
▶ 交番で道をたずねる　to ask for directions at a police box ＊ hỏi đường ở bốt cảnh sát
みち

N4 通　ツウ：通知する　notice, advice　かくにん 通る
つうち　thông báo　　　とお

N4 知　チ：通知する　かくにん 知る
つうち　　　し

---

397 差
difference
[SAI] khác, chênh lệch

、 ソ ソ ソ ソ 羊 羊 差 差 差　10画

←羊＋左：長さが違うイネの穂　rice stalk　を左手で持つ形
なが　ちが　　　　　dòng dòng　ひだりて　も　かたち

サ
差　difference
さ　khoảng cách
さ-す
差し上げる　to give　＝あげる
さ あ　biếu, tặng

▶ AとBの間には大きな差がある　There is a major difference between A and B.
あいだ　おお　　Có khoảng cách lớn giữa A và B.
▶ ＿＿＿を差し上げましょう。　I'd like you to have ＿＿. ＊ Tôi xin biếu/tặng anh ＿＿.

---

398 点
dot, point
[ĐIỂM] điểm, chấm, vết

、 ト ト ナ 占 占 点 点 点 点　9画

←占＋灬：点（、）が4つ　❶ 1つ目の「、」は丿、他の3つは丶
てん　　　　め　　　　　　ほか

テン
点　dot, point
てん　điểm
交差点　intersection
こうさてん　chỗ giao nhau

▶ 1点差で負ける　to lose by one point ＊ thua với khoảng cách 1 điểm
ま
▶ テストで100点をとる　to get 100 points/full marks on a test
đạt 100 điểm bài kiểm tra
▶ 交差点を右に曲がる　to turn right at an intersection ＊ rẽ phải ở ngã giao nhau
みぎ ま

---

399 路
road
[LỘ] đường, lối đi

、 ロ ロ ロ 早 早 呈 呈 距 趵 路 路 路　13画

←足＋夂＋口：足でふむ道
あし　あし　　　あし　みち

ロ
道路　road, street
どうろ　con đường

▶ 道路工事　road repairing/work/construction ＊ công trình làm đường
こうじ
▶ 道路がこんでいる　the roads are congested/jammed ＊ đường đông đúc

書く練習 ✏

交　差
点　路

読みながら書きましょう

交通　交通
こうつう

交番　交番
こうばん

差　差　　点　点
さ　　　　てん

交差点　交差点
こうさてん

道路　道路
どうろ

400 横

一 十 才 木 杧 杧 桙 桙 桳 梏 梏 横 横 横 横 **15画**

side
[HOÀNH] ngang, bên cạnh ← 木(き)＋黄(艹由ハ)火がついた矢 arrow/mũi tên の形 かたち ↑：木の横 よこ

| よこ | 横 よこ | side / bên cạnh | ▶ 彼女はぼくの横に座った。 かのじょ　　　　よこ　すわ She sat at my side. ＊ Cô ấy ngồi bên cạnh tôi. |
| オウ | 横断する おうだん | (↓) | ▶ 縦20×横30 cm の紙 たて　　かける　　センチ(メートル)　かみ paper 20 centimeters long and 30 centimeters wide / giấy có kích cỡ 20cm (chiều dọc) ×30cm (chiều ngang) |

401 断

` ̀ ̀ ̀ 半 半 迷 迷 迷 断 断 断 **11画**

cut off
[ĐOẠN] cắt đứt, bỏ ← 迷(米乚)＋斤おの ax/riu：おので「✕」を4つに切る形 き

ことわ-る	断る ことわ	to decline/refuse / từ chối	▶ 友達の誘いを断る to decline friend's invitation ＊ từ chối lời mời/rủ của bạn ともだち　さそ
ダン	横断する おうだん	crossing / sự băng qua	▶ 通りを横断する to cross a street ＊ băng qua đường とお
	横断歩道 おうだん ほ どう	crosswalk / lối băng qua đường dành cho người đi bộ	▶ 横断歩道を渡る to cross a crosswalk ＊ băng qua lối qua đường dành cho người đi bộ わた

N4 歩 (-ポ)：歩道 sidewalk / via hè ほどう 、 進歩する progress, advance / sự tiến bộ しんぽ **かくにん** 歩く ある

Unit 4 交通

書く練習

横 横 ☐☐　断 断 ☐☐

読みながら書きましょう

横 よこ ｜横｜　｜　｜
断る ことわ ｜断　る｜　｜　｜　｜
横断 おうだん ｜横　断｜　｜　｜
横断歩道 おうだん ほ どう ｜横　断　歩　道｜

読む問題

❶ この本を(1)差し上げます。 ほん　　　　あ (1)＿＿＿

❷ 科学はどんどん(2)進歩している。 か がく (2)＿＿＿

❸ 市役所から春の(3)交通安全運動の(4)通知が来た。 しやくしょ　はる　こうつうあんぜんうんどう　き (3)＿＿＿ (4)＿＿＿

❹ (5)道路を渡るときは(6)横断歩道を わた　　　　　　　わた 渡りましょう。 わた (5)＿＿＿ (6)＿＿＿

❺ 次の(7)交差点を左に曲がってください。 つぎ　　　　　ひだり　ま (7)＿＿＿

書く問題

❶ テストでいい(1)てんがとれた。 (1)＿＿＿

❷ ここで(2)どうろを(3)おうだんしてはいけません。 (2)＿＿＿ (3)＿＿＿

❸ イチゴとバナナの値段には大きな(4)さがある。 ね だん　おお (4)＿＿＿

❹ (5)こうつうルールを守りましょう。 まも (5)＿＿＿

❺ 田中さんに頼まれたら(6)ことわれません。 たなか　たの (6)＿＿＿

❻ (7)こうばんは銀行のすぐ(8)よこにあります。 ぎんこう (7)＿＿＿ (8)＿＿＿

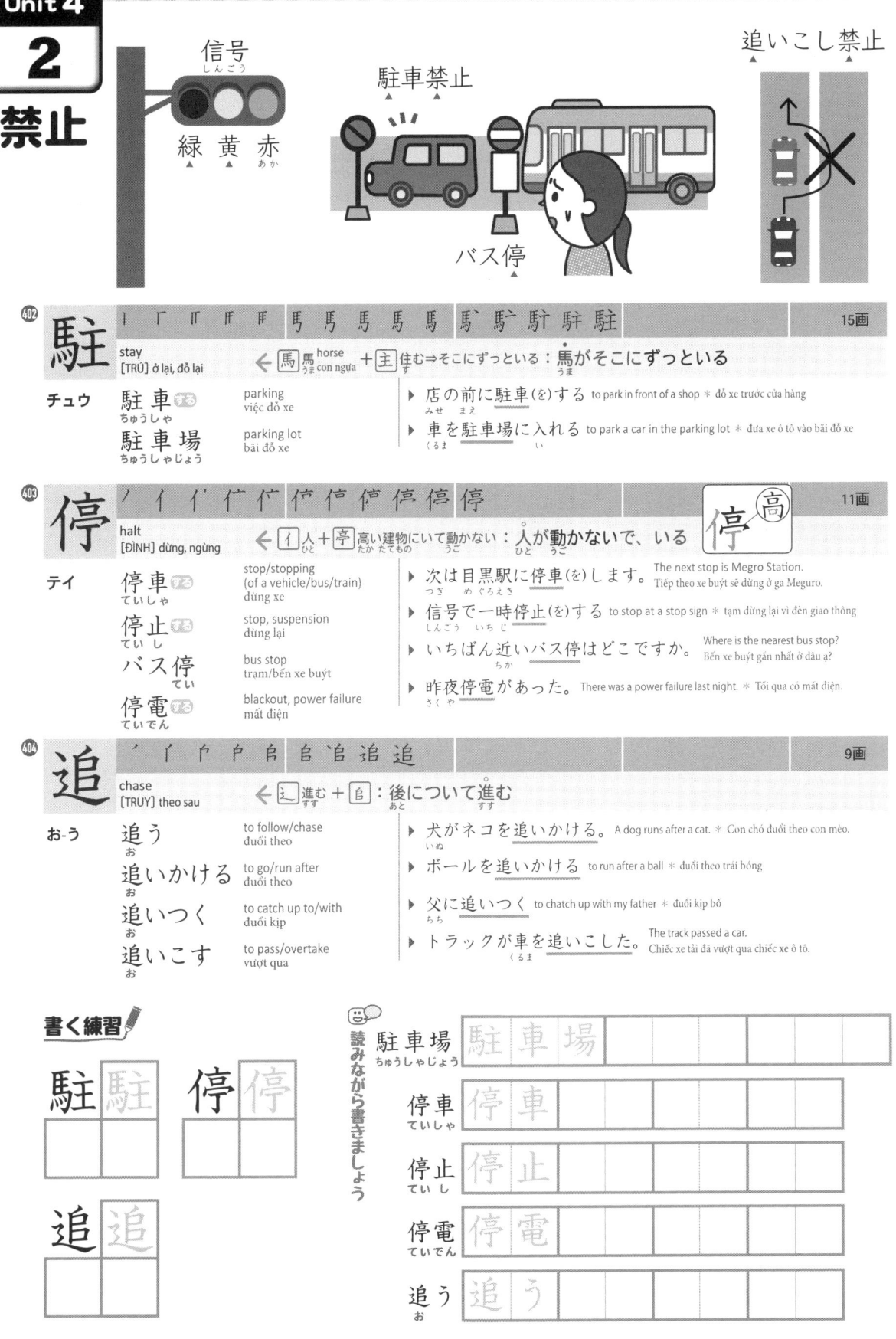

Unit 4

2 禁止

交通　Traffic　Giao thông

信号
しんごう

緑　黄　赤
みどり　き　あか

駐車禁止

追いこし禁止

バス停

402

駐

一 厂 厂 厅 厍 馬 馬 馬 馬 馬 馬 駐 駐 駐 駐　　15画

stay
[TRÚ] ở lại, đỗ lại

← 馬 馬 horse うま con ngựa ＋ 主 住む⇒そこにずっといる：馬がそこにずっといる

チュウ

駐車 する
ちゅうしゃ
parking
việc đỗ xe

駐車場
ちゅうしゃじょう
parking lot
bãi đỗ xe

▶ 店の前に駐車(を)する to park in front of a shop ＊ đỗ xe trước cửa hàng
みせ まえ

▶ 車を駐車場に入れる to park a car in the parking lot ＊ đưa xe ô tô vào bãi đỗ xe
くるま い

403

停

ノ イ イ イ 广 伫 伫 伫 停 停 停　　11画

〔停 高〕

halt
[ĐÌNH] dừng, ngừng

← イ 人 ＋ 亭 高い建物にいて動かない：人が動かないで、いる
ひと たか たてもの うご ひと うご

テイ

停車 する
ていしゃ
stop/stopping
(of a vehicle/bus/train)
dừng xe

停止 する
ていし
stop, suspension
dừng lại

バス停
てい
bus stop
trạm/bến xe buýt

停電 する
ていでん
blackout, power failure
mất điện

▶ 次は目黒駅に停車(を)します。 The next stop is Megro Station.
つぎ めぐろえき Tiếp theo xe buýt sẽ dừng ở ga Meguro.

▶ 信号で一時停止(を)する to stop at a stop sign ＊ tạm dừng lại vì đèn giao thông
しんごう いちじ

▶ いちばん近いバス停はどこですか。 Where is the nearest bus stop?
ちか Bến xe buýt gần nhất ở đâu ạ?

▶ 昨夜停電があった。 There was a power failure last night. ＊ Tối qua có mất điện.
さくや

404

追

ノ イ イ 戸 自 自 自 泊 追　　9画

chase
[TRUY] theo sau

← 辶 進む ＋ 自 ：後について進む
すす あと すす

お-う

追う
お
to follow/chase
đuổi theo

追いかける
お
to go/run after
đuổi theo

追いつく
お
to catch up to/with
đuổi kịp

追いこす
お
to pass/overtake
vượt qua

▶ 犬がネコを追いかける。 A dog runs after a cat. ＊ Con chó đuổi theo con mèo.
いぬ

▶ ボールを追いかける to run after a ball ＊ đuổi theo trái bóng

▶ 父に追いつく to chatch up with my father ＊ đuổi kịp bố
ちち

▶ トラックが車を追いこした。 The track passed a car.
くるま Chiếc xe tải đã vượt qua chiếc xe ô tô.

書く練習

駐 駐　停 停

追 追

読みながら書きましょう

駐車場 | 駐車場
ちゅうしゃじょう

停車 | 停車
ていしゃ

停止 | 停止
ていし

停電 | 停電
ていでん

追う | 追う
お

---

405 禁

一 十 オ 木 木 村 材 林 林 梺 梺 禁 禁　　　13画

prohibit
[CẤM] không cho phép

← 林 + 示 神様が来る場所：神様が来る場所に林を作り、人が入れないようにする
かみさま く ばしょ　かみさま く ばしょ はやし つく ひと はい

キン

禁止 (する)
きん し
ban, prohibition
sự ngăn cấm

▶ 駐車禁止 NO PARKING ＊ cấm đỗ xe
ちゅうしゃ

▶ 追いこし禁止 passing prohibition
お　　　　　 cấm vượt (xe khác)

▶ 外出が禁止されている to be put on a caurfew/banned from going out
がいしゅつ　　　　　　　 bị cấm đi ra ngoài

406 緑

く ㅅ ㅆ 幺 糸 糸 糹 糹 紵 紵 紵 紵 緑 緑　　　14画

green
[LỤC] xanh

← 糸 + ヨ + 氺 ❶「氺」の書き方注意
か　　かたちゅうい

(図: 3→1, 2→4→5 はねる はらう)

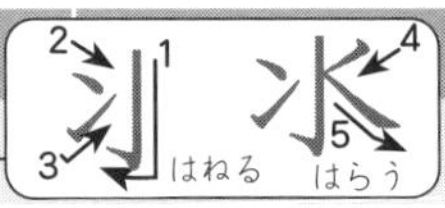

みどり

緑
みどり
green
màu xanh lá cây

▶ 緑(色) の服 green clothes ＊ quần áo màu xanh lá cây
いろ ふく

▶ 信号が赤から緑になった。 The traffic light changed from red to green.
しんごう あか みどり　　　 Đèn giao thông đã chuyển từ màu đỏ sang màu xanh.

407 黄

一 十 ++ 共 芒 芒 苗 苗 苗 黄 黄　　　11画

yellow
[HOÀNG,HUỲNH] vàng

← 火がついた矢 arrow の形
ひ　　　　 や mũi tên　 かたち

(図: 矢 → 黄)

き

黄色 (い)
き いろ
yellow
màu vàng

▶ 黄色い花 yellow flower ＊ hoa màu vàng
はな

▶ 信号が黄色になったら止まりなさい。 Stop when the light turns yellow.
しんごう きいろ と　　　　 Nếu đèn giao thông chuyển sang màu vàng, hãy dừng lại.

Unit 4 交通

書く練習

緑 [緑]

禁 [禁]

黄 [黄]

読みながら書きましょう

禁止 [禁][止]
きん し

緑 [緑]
みどり

黄色 [黄][色]
き いろ

黄色い [黄][色][い]
き いろ

読む問題

❶ この道路は(1)追いこし(2)禁止です。
どうろ　　　　　　　　　　　　　(1)＿＿＿ (2)＿＿＿＿＿＿＿

❷ 今(3)停電していて、パソコンが使えません。
いま　　　　　　　　　　　 つか　　　(3)＿＿＿＿＿＿＿

❸ (4)緑色の信号を「青信号」と言います。
いろ しんごう あおしんごう い　　(4)＿＿＿＿＿＿＿

❹ (5)駐車場はビルのすぐとなりにあります。
ちゅうしゃじょう　　　　　　　　　(5)＿＿＿＿＿＿＿

❺ 信号が(6)黄色になったら交差点の前で(7)停止します。
しんごう きいろ こうさてん まえ　(6)＿＿＿＿ (7)＿＿＿＿

書く問題

❶ 夏は山の(1)みどりがきれいですね。
なつ やま　　　　　　　　　　　　(1)＿＿＿＿＿＿＿

❷ ここで写真をとるのは(2)きんしされています。
しゃしん　　　　　　　　　　　　 (2)＿＿＿＿＿＿＿

❸ バス(3)ていでバスが来るのを待つ。
く ま　　　(3)＿＿＿＿＿＿＿

❹ あの(4)きいろい車を(5)おいかけてください。
くるま　　　　　　(4)＿＿＿＿ (5)＿＿＿＿

❺ 店の近くに(6)ちゅうしゃできる場所はありますか。
みせ ちか　　　　　　　　 ばしょ　　(6)＿＿＿＿＿＿＿

3 改札

交通　Traffic　Giao thông

駅
えき

自動改札
じ どう ▲ ▲

地下鉄○○線は
お乗り換えです。
▲　　　▲

電車を降りる
でんしゃ　▲

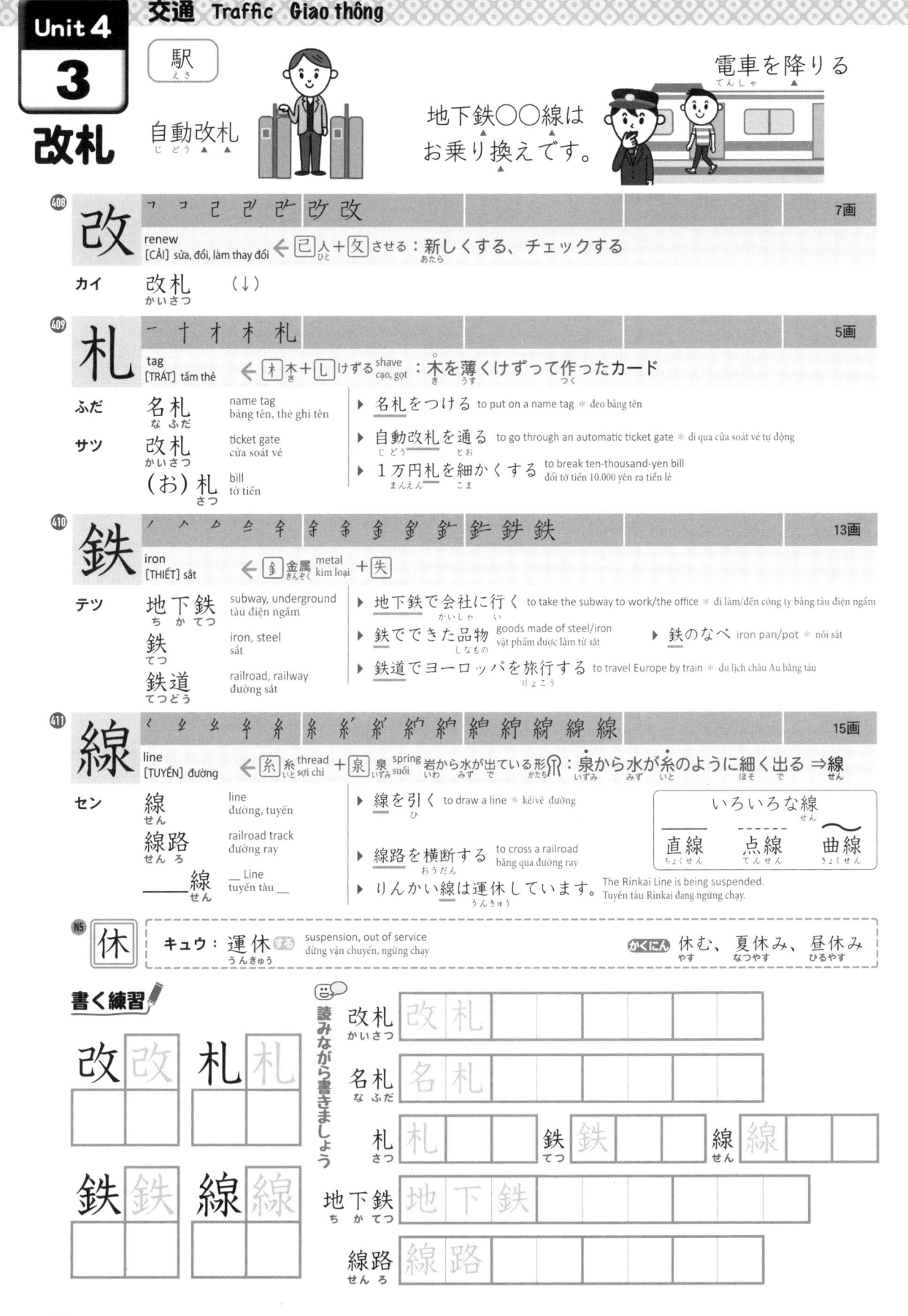

---

408 改

フ　コ　己　己　改　改　改　　　7画

renew
[CẢI] sửa, đổi, làm thay đổi　← 己人 + 攵 させる ：新しくする、チェックする
　　　　　　　　　　　ひと　　　　　　　あたら

カイ　改札　（↓）
　　　かいさつ

---

409 札

一　十　才　木　札　　　5画

tag
[TRÁT] tấm thẻ　← 木 木 + し けずる shave ：木を薄くけずって作ったカード
　　　　　　　　き　　　　　cạo, got　き　うす　　　　　つく

ふだ　名札　name tag
　　　な ふだ　bảng tên, thẻ ghi tên

サツ　改札　ticket gate
　　　かいさつ　cửa soát vé

　　（お）札　bill
　　　　さつ　tờ tiền

▶ 名札をつける　to put on a name tag　※ đeo bảng tên

▶ 自動改札を通る　to go through an automatic ticket gate　※ đi qua cửa soát vé tự động
　 じ どう　　　とお

▶ 1万円札を細かくする　to break ten-thousand-yen bill
　 まんえん　　 こま　　　　　đổi tờ tiền 10.000 yên ra tiền lẻ

---

410 鉄

ノ　ノ　ヶ　ヶ　牟　牟　余　金　金　釤　針　鉄　鉄　　　13画

iron
[THIẾT] sắt　← 金 金属 metal + 失
　　　　　　　きんぞく　kim loại

テツ　地下鉄　subway, underground
　　　ち か てつ　tàu điện ngầm

　　　鉄　iron, steel
　　　てつ　sắt

　　　鉄道　railroad, railway
　　　てつどう　đường sắt

▶ 地下鉄で会社に行く　to take the subway to work/the office　※ đi làm/đến công ty bằng tàu điện ngầm
　　　　　かいしゃ　い

▶ 鉄でできた品物　goods made of steel/iron　　　　▶ 鉄のなべ　iron pan/pot　※ nồi sắt
　　　　　　しなもの　vật phẩm được làm từ sắt

▶ 鉄道でヨーロッパを旅行する　to travel Europe by train　※ du lịch châu Âu bằng tàu
　　　　　　　　　りょこう

---

411 線

く　幺　幺　幺　糸　糸　糸'　糸'　糾　糾　線　線　線　線　線　　　15画

line
[TUYẾN] đường　← 糸 糸 thread + 泉 spring ：泉から水が糸のように細く出る ⇒線
　　　　　　　いと　sợi chỉ　　いずみ suối　いずみ　みず　いと　　　 ほそ で　　せん
岩から水が出ている形
いわ　みず で　　かたち

セン　線　line
　　　せん　đường, tuyến

　　　線路　railroad track
　　　せん ろ　đường ray

　　＿＿線　＿ Line
　　　　せん　tuyến tàu

▶ 線を引く　to draw a line　※ kẻ/vẽ đường
　　　　ひ

▶ 線路を横断する　to cross a railroad
　　　　　おうだん　bằng qua đường ray

▶ りんかい線は運休しています。　The Rinkai Line is being suspended.
　　　　　　うんきゅう　　　　　　Tuyến tàu Rinkai đang ngừng chạy.

いろいろな線
　　　せん
直線　点線　曲線
ちょくせん　てんせん　きょくせん

N5 休　キュウ：運休する　suspension, out of service
　　　　　　　うんきゅう　dừng vận chuyển, ngừng chạy

かくにん　休む、　夏休み、　昼休み
　　　　　やす　　なつやす　　ひるやす

書く練習

改　改　　札　札

鉄　鉄　　線　線

読みながら書きましょう

改札　改札
かいさつ

名札　名札
な ふだ

札　札　　　鉄　鉄　　　線　線
さつ　　　　てつ　　　　せん

地下鉄　地下鉄
ち か てつ

線路　線路
せん ろ

412 換

一 扌 扌 扩 扩 护 护 换 换 換 換 12画

exchange
[HOÁN] đổi, thay thế ← 扌 手 + ク + 四 「四」の「＿」がない形 + 大 かたち

か-える	換える か	to change/exchange/replace đổi, thay thế	▶ 古い本をお金に換える to turn/change old books into money ふる ほん かね đổi sách cũ sang tiền
	乗り換える の か	to transfer, to change (trains/busses/airplanes) đổi, chuyển (tàu)	▶ ＿＿＿線に乗り換える to transfer to the __ line ※ đổi sang tuyến tàu __ せん
	乗り換え の か	transfer, changing (trains/busses/airplanes) việc đổi, chuyển (tàu)	▶ この駅は乗り換えが不便だ。 This station is inconvenient for transfer. えき ふ べん Đổi tàu ở ga này thật là bất tiện.
カン	交換 N3 こうかん	change, exchange sự trao đổi, sự thay thế	▶ 電池を交換する to replace batteries でん ち thay pin ▶ 意見を交換する to exchange opinions/views い けん trao đổi ý kiến

N4 池

チ：電池 battery でん ち pin

かくにん 池 いけ

413 降

ア 了 B B' 阝 阼 阼 隆 隆 降 10画

go down
[GIÁNG, HÀNG] đi xuống, rơi xuống ← 阝丘 hill おか dốc, đồi + 夅（夂 キ）下向きの右足と左足の形：丘を下る したむ みぎあし ひだりあし かたち おか くだ

お-りる	降りる お	to get off/out xuống (tàu, xe)	▶ タクシーを降りる to get out of a taxi ※ xuống taxi
ふ-る	降る ふ	to fall rơi	▶ 次のバス停で降りる to get off a bus at the next stop ※ xuống ở bến xe buýt tiếp theo つぎ てい
コウ	＿＿＿以降 い こう	after __ từ __ trở đi	▶ 雨/雪が降っている。 It is raining/snowing. あめ ゆき Trời đang mưa./Tuyết đang rơi. ▶ 7月1日以降 after July 1st がつついたち từ ngày 1 tháng 7 trở đi

書く練習

換 [換] 降 [降]

読みながら書きましょう

乗り換え の か [乗 り 換 え]
交換 こうかん [交 換]
降りる お [降 り る]
降る ふ [降 る]
以降 い こう [以 降]

読む問題 ❶ 次の駅で(1)降りて、バスに乗り(2)換えてください。 (1)＿＿＿ (2)＿＿＿
つぎ えき の

❷ (3)地下鉄の(4)改札を出た。 (3)＿＿＿ (4)＿＿＿
で

❸ 京葉(5)線は台風のため(6)運休しています。 (5)＿＿＿ (6)＿＿＿
けいよう たいふう

❹ (7)電池が切れて時計が止まっている。 (7)＿＿＿
き とけい と

❺ 雨が(8)降って(9)線路に水がたまった。 (8)＿＿＿ (9)＿＿＿
あめ みず

❻ この近くに、(10)鉄道の駅はありますか。 (10)＿＿＿
ちか えき

❼ 胸※に(11)名札をつけてください。 ※胸 chest ※ ngực (11)＿＿＿
むね むね

書く問題 ❶ 雨が(1)ふっていたので(2)ちかてつで会社に行った。 (1)＿＿＿ (2)＿＿＿
あめ かいしゃ い

❷ わからない言葉に(3)せんを引いてください。 (3)＿＿＿
ことば ひ

❸ 千円(4)さつを新しいのと(5)こうかんしてもらった。 (4)＿＿＿ (5)＿＿＿
せんえん あたら

❹ 夜8時(6)いこうは家にいます。 (6)＿＿＿
よる じ いえ

4

指定席

交通　Traffic　Giao thông

窓 ▲

通路側
つうろ

窓側
▲

指定席

自由席

1列に並んで待つ
▲ なら　ま

---

❹14 席

` 广 广 广 庐 庐 庐 席 席` 10画

席
[TỊCH] chỗ ngồi

← 庐 しきもの　mat, rug　+ 巾 布 cloth　：座るところ ⇒ 席
tấm trải sàn nhà　ぬの vải　すわ　　　　　せき

セキ

席　seat
せき　ghế ngồi, chỗ ngồi

空席　vacant seat
くうせき　ghế trống

出席 する　attendance
しゅっせき　tham dự

座席　seat
ざ せき　ghế ngồi

▶ 席につく　to take one's seat, to be seated ※ ngồi xuống ghế

▶ 空席がある / ない　There are some/no seats left/available. ※ Có/không có ghế trống

▶ パーティーに出席(を)する　to attend a party ▶ 出席者　attendee
　　　　　　　　　　　　　tham dự bữa tiệc　　　しゃ　người tham dự

▶ 座席にカバーをかける　to put the cover on the seat ※ bọc ghế

---

❹15 指

`一 十 扌 扌 扩 指 指 指 指` 9画

指
finger
[CHỈ] ngón tay

← 扌 手 + 旨 (匕 日) おいしいごちそう：ごちそうを指で示す point
　　て　　　　　　　　　　　　　　　　　　　　　ゆび しめ　chỉ ra

ゆび

指　finger
ゆび　ngón (tay, chân)

シ

指定 する　designation
し てい　sự chỉ định

▶ 指を切る　to cut one's finger ※ cắt ngón tay
　　　き

▶ 指定された時間　the appointed time ▶ 指定席　reserved seat
　　　　じ かん　thời gian được chỉ định　　　　　　ghế chỉ định, chỗ ngồi đặt trước

---

❹16 由

`丿 冂 巾 由 由` 5画

由
source, origin
[DO] bởi, qua

← びんの形 ⇒ 何かが出てきたわけ・理由
　　かたち　なに で　　　　　りゆう

ユウ

自由(な)　free
じ ゆう　tự do

理由　reason ＝わけ
り ゆう　lý do

ユ

経由 する　by way of, via
けい ゆ　quá cảnh, thông qua đường

▶ 自由に使う　to use ... freely ※ tự do sử dụng ▶ 自由席　non-reserved sheet ※ ghế tự do
　　　つか

▶ 会社を辞めた理由　the reason why one left the company ※ lý do nghỉ việc ở công ty
　かいしゃ や

▶ 彼女が泣いている理由　the reason why she is crying ※ lý do mà cô ấy khóc
　かのじょ な

▶ 秋田経由青森行き　bound for Aomori via Akita
　あき た　　あおもり い／ゆ　đi đến tỉnh Aomori thông qua (/ghé qua) tỉnh Akita

---

書く練習

席　指

由

読みながら書きましょう

席 せき	席			指 ゆび	指		
空席 くうせき	空 席						
指 定 してい	指 定						
自 由 じゆう	自 由						
理 由 りゆう	理 由						
経 由 けいゆ	経 由						

417 **窓**　、 ᐟ 宀 宀 穴 ⺋ 空 窓 窓 窓 窓　11画

window
[SONG] cửa sổ　← 穴 穴(あな) hole lỗ ＋ 厶 ＋ 心 ：穴(あな)から空気(くうき)が出(で)る ⇒窓(まど)

まど
- 窓(まど)　window / cửa sổ
- 窓口(まどぐち)　window, wicket / quầy bán vé, quầy giao dịch

▶ 窓を 開(あ)ける / 閉(し)める　to open/close the window ＊ mở/đóng cửa sổ
▶ チケットは窓口で買(か)えます。　You can buy a ticket at the ticket window. Vé thì thể mua ở quầy bán vé.

418 **側**　ノ 亻 仆 仴 但 俱 俱 俱 俱 側 側　11画

beside
[TRẮC] phía, bên　← 亻 人(ひと) ＋ 貝 深(ふか)いなべ deep pan nồi có đáy sâu ＋ 刂 刀(かたな) sword gươm ：なべのすぐそばに人と刀(かたな)

がわ
- ＿＿側(がわ)　＿side / phía, hướng＿
- 内側(うちがわ)　inside / bên trong, phía trong
- ↔外側(そとがわ)　outside / phía ngoài

▶ 窓側の席　window seat ＊ ghế ngồi phía cửa sổ
▶ 通路(つうろ)側の席　aisle seat ＊ ghế ngồi phía lối đi
▶ 左(ひだり)側に　on one's left side ＊ ở phía bên trái
▶ こちら側に　on this side ＊ ở phía này
▶ ドアのかぎを内側からかける　to lock a door on/from the inside ＊ khóa cửa từ bên trong
▶ 白(しろ)い線(せん)の内側に下(さ)がる　to step back behind the white line / lùi lại đến phía trong của vạch kẻ màu trắng

N4 **内**　うち： 内側(うちがわ)　かくにん　＿＿以内(いない)、国内(こくない)(の)　domestic / nội địa, trong nước

419 **列**　一 ア 歹 歹 列 列　6画

line-up
[LIỆT] hàng, dãy　← 歹 骨(ほね) bone xương ＋ 刂 刀(かたな) sword gươm ：刀(かたな)で切(き)った骨(ほね)を横(よこ)に並(なら)べる

レツ
- 列(れつ)　line, row / hàng, dãy
- (レッ-) 列車(れっしゃ)　train / tàu lửa

▶ 長(なが)い列ができる　to form a long line / tạo thành một hàng dài
▶ 一列(いち)に並(なら)ぶ　to stand in line / xếp thành 1 hàng dọc
▶ 特急(とっきゅう)列車　limited express ＊ tàu tốc hành đặc biệt

書く練習

側　窓　列

読みながら書きましょう

窓(まど)　列(れつ)　窓側(まどがわ)　内側(うちがわ)　列車(れっしゃ)

読む問題

❶ この(1)列車は、東駅(ひがしえき)(2)経由、南駅行(みなみえきゆ)きです。　(1)＿＿＿＿　(2)＿＿＿＿

❷ (3)窓側には(4)空席がなかった。　(3)＿＿＿＿　(4)＿＿＿＿

❸ ナイフで(5)指を切(き)らないように注意(ちゅうい)してください。　(5)＿＿＿＿

❹ (6)席は(7)指定しないので(8)自由に座(すわ)ってください。　(6)＿＿＿＿　(7)＿＿＿＿　(8)＿＿＿＿

書く問題

❶ 電車(でんしゃ)が来(く)るので黄色(きいろ)い線(せん)の(1)うちがわに下(さ)がってください。　(1)＿＿＿＿

❷ 会社(かいしゃ)を休(やす)む(2)りゆうは何(なん)ですか。　(2)＿＿＿＿

❸ 駅(えき)の(3)まどぐちには長(なが)い(4)れつができていた。　(3)＿＿＿＿　(4)＿＿＿＿

❹ (5)しゅっせき者(しゃ)は(6)していされた時間(じかん)に来(き)てください。　(5)＿＿＿＿　(6)＿＿＿＿

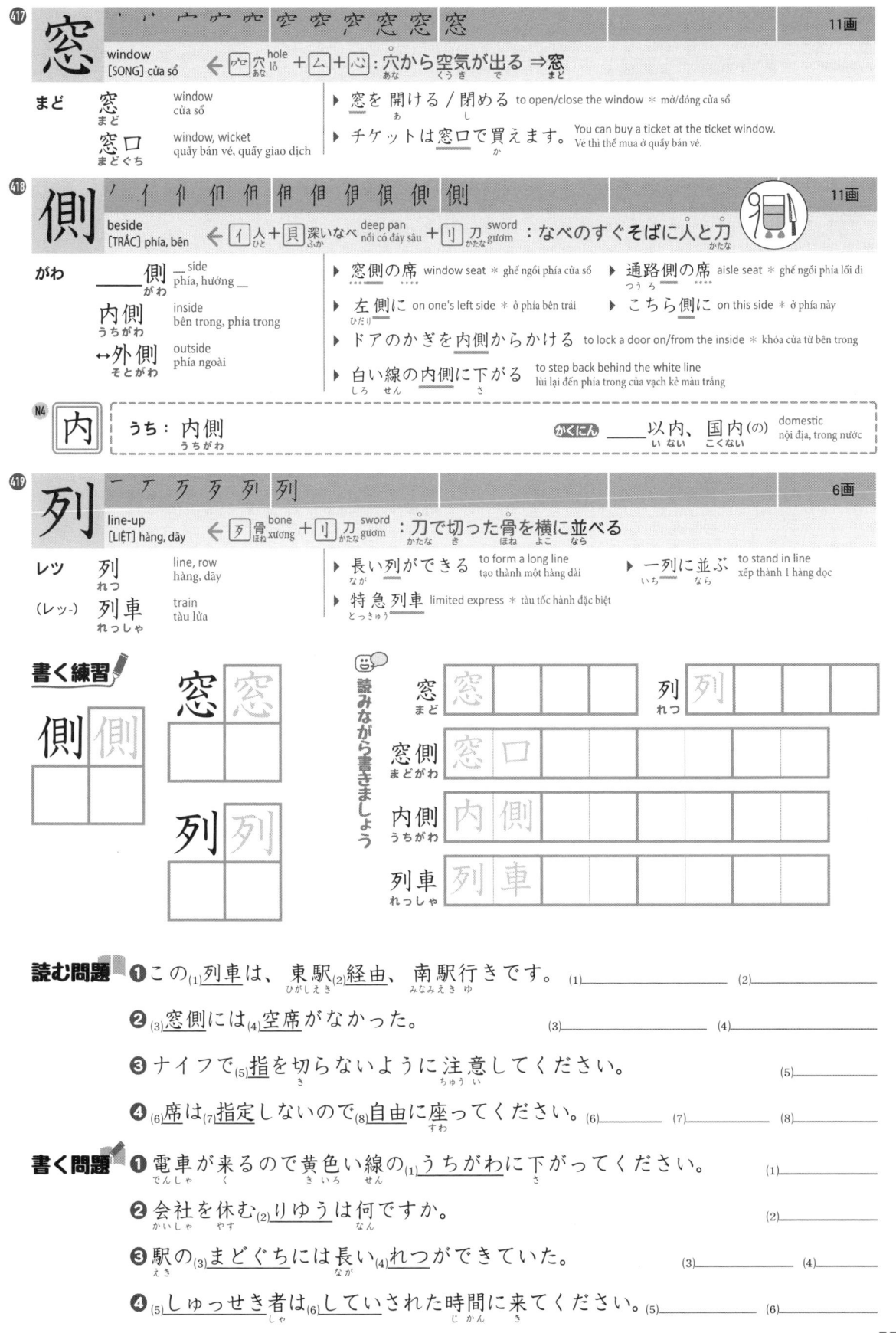

空港（くうこう）　遅れて到着します。

飛行機（ひこうき）

新幹線（しんかんせん）　電車（でんしゃ）

速い　←　→　遅い

←迎えに来た人（むか　き　ひと）

420 飛
fly
[PHI] bay
←鳥が飛ぶ形（とり　と　かたち）
と-ぶ　飛ぶ（と）　to fly / bay
ヒ　飛行場（ひこうじょう）＝空港（くうこう）
9画
▶ 鳥が飛んでいる。（とり　と）　A bird is flying. ＊ con chim đang bay

421 機
mechanism, sign
[CƠ] máy móc, dịp
←木（き）+ 幺幺糸 thread（いと　sợi chỉ）+ 人 + 戈：木でできた、糸で織物 fabric（き　おりもの　đồ dệt）を作る機械（つく　きかい）
16画
キ　飛行機（ひこうき）airplane / máy bay
機械（きかい）machine, machinery / máy móc
機会（きかい）opportunity, chance / cơ hội, dịp ＝チャンス
▶ 大阪に飛行機で行った。（おおさか　い）I flew to Osaka. ＊ Tôi đã đi Osaka bằng máy bay.
▶ 機械を動かす（かい　うご）to run a machine ＊ vận hành máy, khởi động máy
▶ 飛行機に乗る機会がなかった。（の　きかい）I haven't had a chance to fly. / Tôi chưa có dịp đi máy bay.
▶ 機会があれば京都に行きたい。（きかい　きょうと　い）Given a chance, I'd like to visit Kyoto. / Tôi muốn đi Kyoto nếu có cơ hội.

422 到
reach
[ĐÁO] tới, đến
←至 矢が土に刺さった形（や　つち　さ　かたち）⇒届く reach（とど）+ リ 刀 sword（かたな gươm）：刀のように曲がって届く（かたな　ま　とど）
8画
トウ　到着（とうちゃく）arrival / sự đến nơi ↔ 出発（しゅっぱつ）
▶ 東京駅に到着する（とうきょうえき　とうちゃく）to arrive at Tokyo Station ＊ đến/tới ga Tokyo

N4　**着**
チャク：到着する（とうちゃく）
かくにん　着く、着る、着物、上着、下着（つ　き　きもの　うわぎ　したぎ）

423 迎
meet, greet
[NGHÊNH] đón
←辶 進む（すす）+ 卬 二人の人が会う形（ふたり　ひと　あ　かたち）：進んで迎える（すす　むか）
7画
むか-える　迎える（むか）to welcome/meet / đón, chào đón
▶ ケイの家族は私を温かく迎えてくれた。（かぞく　わたし　あたた　むか）Kei's family welcomed me warmly. / Gia đình của Kei đã tiếp đón tôi rất nồng nhiệt.
▶ 正月を迎える（しょうがつ　むか）to welcome the New Year ＊ đón năm mới
▶ 空港に迎えに行く（くうこう　むか　い）to go and meet one at the airport ＊ đến sân bay đón
▶ 迎えに来てください。（むか　き）Please come to pick me up. ＊ Hãy đến đón tôi.

書く練習

飛　機
到　迎

読みながら書きましょう

飛ぶ（と）　飛ぶ
飛行機（ひこうき）　飛行機
機会（きかい）　機会
到着（とうちゃく）　到着
迎える（むか）　迎える

㊷ 速

一　ㄏ　ㄏ　ㅌ　ㅌ　東　束　涑　涑　速　　10画

fast, quick
[TỐC] nhanh
← ⻌ 進む ＋ 束 切った木を間を空けないでしばった bind / bó lại　形 ㈱：時間を空けないで進む ⇒速い
すす　　き　　　　き　あいだ あ　　　　　　　　　　　　　　かたち　　　じかん　　あ　　　すす　　はや

| はや-い | 速い | fast, quick / nhanh |
| ソク | 速度 | speed / tốc độ = スピード |

▸ もっと速く走れるようになりたい。I want to be able to run faster. / Tôi muốn mình có thể chạy nhanh hơn.
　　　　はし
▸ 覚えるのが速い to be quick to learn, to be a quick learner ＊ nhớ nhanh
　おぼ
▸ 車の速度を測る to measure the speed of vehicles ＊ đo tốc độ của xe
　くるま　そくど　はか
▸ 仕事の速度を上げる to accelerate the work ＊ tăng tốc độ làm việc
　しごと　　　　あ

㊸ 遲

ㄱ　ㄱ　ㄕ　ㄕ　ㄕ　ㄕ　屄　屋　屋　犀　遲　遲　　12画

slow, late
[TRÌ] chậm trễ, muộn
← ⻌ 進む ＋ 尸 ＋ 羊 羊 sheep / con cừu：羊は進むのが遅い
すす　　　　　　　ひつじ ひつじ　　　　　　　ひつじ すす　　　おそ

| おそ-い | 遅い | slow, late / chậm, muộn |
| おく-れる | 遅れる | to be late / bị muộn, đến muộn, trễ |

▸ 走るのが遅い to run slow, to be a slow runner ＊ chạy chậm
　はし
▸ もう遅いから寝なさい。It's getting late, so go to bed. ＊ Muộn rồi, (con) đi ngủ đi.
　　　　　　ね
▸ 学校に遅れる to be late for school ＊ đi học muộn
　がっこう
▸ 電車が1時間遅れた。The train was one hour late. ＊ Tàu đã bị trễ 1 tiếng.
　でんしゃ　じかん
▸ 飛行機の到着が遅れた。The plane arrived late. ＊ Máy bay đã đến muộn.
　ひこうき　　とうちゃく

書く練習

速 速　遅 遅

読みながら書きましょう

速い	速い				
はや					
速度	速度				
そくど					
遅い	遅い				
おそ					
遅れる	遅れる				
おく					

読む問題

❶ (1)機会があれば、(2)飛行機に乗ってみたい。　　(1)＿＿＿＿＿＿　(2)＿＿＿＿＿＿
　　　　　　　　　　　　　　　　　の

❷ その車は(3)速度を上げて走った。　　　　　　　　(3)＿＿＿＿＿＿
　　くるま　そくど　あ　　はし

❸ 電車の(4)到着が30分(5)遅れました。　　　　　(4)＿＿＿＿＿＿　(5)＿＿＿＿＿＿
　でんしゃ　とうちゃく　ぶん

❹ 駅に(6)迎えに来てください。　　　　　　　　　　(6)＿＿＿＿＿＿
　えき　むか　き

❺「(7)飛行場」とは、空港のことです。　　　　　　(7)＿＿＿＿＿＿
　　ひこうじょう　　くうこう

書く問題

❶ (1)おそい時間なので、車で(2)むかえに行きます。　(1)＿＿＿＿＿＿　(2)＿＿＿＿＿＿
　　　じかん　　くるま　　　　い

❷ 空には鳥が(3)とんでいます。　　　　　　　　　　(3)＿＿＿＿＿＿
　そら　とり

❸ 田中さんと話す(4)きかいがない。　　　　　　　　(4)＿＿＿＿＿＿
　たなか　はな

❹ (5)ひこうきは朝パリに(6)とうちゃくする予定です。　(5)＿＿＿＿＿＿　(6)＿＿＿＿＿＿
　　　　　　あさ　　　　　　　　　　よてい

❺ 彼女は走るのが(7)はやいです。　　　　　　　　　(7)＿＿＿＿＿＿
　かのじょ　はし

Unit 4 交通

6 読み方の復習
よ かた ふくしゅう

/50

もんだい1 ＿＿＿のことばはどう読みますか。ひらがなを□に書いてください。 （2点×5）
よ か

① 空いている (1)座席に荷物を置かないでください。
あ にもつ お

② (2)緑の車に (3)追いついた。

③ 寒くて (4)指がうまく動かない。

④ もうすぐ (5)お札のデザイン※が変わるそうだ。 ※デザイン design * thiết kế

(2)	(1)
	(3)
	(4)
	(5)

もんだい2 ＿＿＿のことばはどう読みますか。ひらがなを□に書いてください。 （2点×8）
よ か

① 目覚まし時計が止まっていたので、(1)電池を(2)交換した。

②「まもなく※(3)列車が参ります。危ないですから、(4)黄色い(5)線の(6)内側でお待ちください。」
まい あぶ

③ 私の学校では、特別な(7)理由がある場合以外、教室での飲食※が(8)禁止されています。
わたし いんしょく

※まもなく＝もうすぐ　　※教室での飲食＝教室で飲んだり食べたりすること
いんしょく の た

(1)	(2)	(3)	(4)
(5)	(6)	(7)	(8)

もんだい3 ＿＿＿のことばはどう読みますか。ひらがなを□に書いてください。 （2点×12）
よ か

　私は今、パリ(1)経由ロンドン行きの(2)飛行機の中にいる。そして気持ちも体も疲れ
わたし
ている。飛行機に乗るまで、大変だったからだ。朝、友達が車で(3)迎えに来てくれて、
たいへん ともだち
予定どおりに家を出た。ところが(4)交通事故があって(5)道路がとてもこんでいた。間
じ こ
に合わなかったらどうしよう。不安になった。私が(6)遅れても、飛行機は待ってくれ
わたし
ない。(7)交差点で(8)停止しているときも気持ちが落ち着かない。それで、空港まで車
お つ
で行くのはあきらめて、(9)地下鉄で行くことにした。いちばん近い駅まで車で送って
もらい、車を(10)降りて、大きなスーツケースを引っぱって(11)改札まで走った。空港に
(12)到着してからも、また走った。なんとか間に合った。本当に疲れた。

(1)	(2)	(3)	(4)
(5)	(6)	(7)	(8)
(9)	(10)	(11)	(12)

Unit 4

7 書き方の復習
かきかたのふくしゅう

/50

もんだい1 ＿＿は漢字とひらがなでどう書きますか。正しいほうをa·bから選んでください。(2点×5)
かんじ　　　　　　　　　　　か　　　　　　　　　　　　ただ　　　　　　　　　　　えら

① 空いている (1)ざせき ｛a. 座度　b. 座席｝ に荷物を置かないでください。
あ　　　　　　　　　　　　　　　　　　　　　　　　　　にもつ　お

②(2)みどり ｛a. 縁　b. 緑｝ の車に(3)おいついた ｛a. 追いついた　b. 迫いついた｝。
　　　　　　　　　　　　　　くるま

③寒くて(4)ゆび ｛a. 指　b. 脂｝ がうまく動かない。
さむ　　　　　　　　　　　　　　　　うご

④もうすぐ(5)おさつ ｛a. お礼　b. お札｝ のデザインが変わるそうだ。
　　　　　　　　　　　　　　　　　　　　　　　　　　か

Unit 4 交通

もんだい2 ＿＿は漢字とひらがなでどう書きますか。□に書いてください。 (2点×8)
かんじ　　　　　　　　　　　か　　　　　　　　　か

①目覚まし時計が止まっていたので、(1)でんちを(2)こうかんした。
めざ　どけい　と

②「まもなく(3)れっしゃが参ります。危ないですから、(4)きいろい(5)せんの(6)うちがわで
　　　　　　　　　　　　まい　　あぶ
お待ちください。」
ま

③私の学校では、特別な(7)りゆうがある場合以外、教室での飲食が(8)きんしされています。
わたし　がっこう　　とくべつ　　　　　　　ばあいいがい　きょうしつ　いんしょく

(1)	(2)	(3)	(4)
(5)	(6)	(7)	(8)

もんだい3 ＿＿は漢字とひらがなでどう書きますか。□に書いてください。 (2点×12)
かんじ　　　　　　　　　　　か　　　　　　　　　か

　私は今、パリ(1)けいゆロンドン行きの(2)ひこうきの中にいる。そして気持ちも体も疲れ
わたし　いま　　　　　　　　　　い/ゆ　　　　　　　　なか　　　　　　　　きも　からだ　つか
ている。ひこうきに乗るまで、大変だったからだ。朝、友達が車で(3)むかえに来てくれて、
　　　　　　　　　　　　たいへん　　　　　あさ　ともだち　くるま　　　　　き
予定どおりに家を出た。ところが(4)こうつう事故があって(5)どうろがとてもこんでいた。
よてい　　いえ　で　　　　　　　　　　　じこ
間に合わなかったらどうしよう。不安になった。私が(6)おくれても、ひこうきは待って
ま　あ　　　　　　　　　　　ふあん　　　　　わたし　　　　　　　　　　　　　　　ま
くれない。(7)こうさてんで(8)ていしているときも気持ちが落ち着かない。それで、空港
　　　　　　　　　　　　　　　　　　　　　きも　お　つ　　　　　　　　くうこう
まで車で行くのはあきらめて、(9)ちかてつで行くことにした。いちばん近い駅まで車で
くるま　い　　　　　　　　　　　　　　　い　　　　　　　　　ちか　えき　くるま
送ってもらい、車を(10)おりて、大きなスーツケースを引っぱって(11)かいさつまで走った。
おく　　　くるま　の　　おお　　　　　　　　　　　　　　　　　　　　　　はし
空港に(12)とうちゃくしてからも、また走った。なんとか間に合った。本当に疲れた。
くうこう　　　　　　　　　　　　はし　　　　　　　　ま　あ　ほんとう　つか

(1)	(2)	(3)	(4)
(5)	(6)	(7)	(8)
(9)	(10)	(11)	(12)

日本語能力試験　言語知識（文字・語彙）形式
にほんごのうりょくしけん　げんごちしきもじ　ごいけいしき

まとめテスト

第1回
だい　かい

/100

問題1　＿＿のことばの読み方として最もよいものを、1・2・3・4から一つえらびなさい。　（3点×12）

1　日本は、四季がはっきりしている。

　　1　すき　　　　　　　2　よんき　　　　　　3　しき　　　　　　　4　よき

2　明日は、夕方5時以降は家にいます。

　　1　いご　　　　　　　2　いごう　　　　　　3　いこ　　　　　　　4　いこう

3　復習しやすいように、ノートの取り方を工夫しています。

　　1　こうと　　　　　　2　こうふ　　　　　　3　くふう　　　　　　4　くふ

4　ワンさんの横にいる方はどなたですか。

　　1　おく　　　　　　　2　よこ　　　　　　　3　となり　　　　　　4　そば

5　苦しいとき、いつも友達がいっしょにいて助けてくれた。

　　1　くるしい　　　　　2　さびしい　　　　　3　くやしい　　　　　4　かなしい

6　受付は、平日の午前9時から午後4時までです。

　　1　ほんじつ　　　　　2　へいじつ　　　　　3　ほんにち　　　　　4　へいにち

7　10年後の社会を想像してみてください。

　　1　そうぞう　　　　　2　そぞう　　　　　　3　そうしょう　　　　4　そしょう

8　台所の時計は遅れていますよ。

　　1　はずれて　　　　　2　こわれて　　　　　3　われて　　　　　　4　おくれて

9　父は毎日熱心にゴルフの練習をしている。

　　1　ねつしん　　　　　2　ねっしん　　　　　3　あつしん　　　　　4　あっしん

10　このコートは、内側にもポケットがたくさんあって便利です。

　　1　ないそく　　　　　2　ないがわ　　　　　3　うちそく　　　　　4　うちがわ

11　背が高いですね。身長はどのくらいですか。

　　1　みちょう　　　　　2　しんちょう　　　　3　みなが　　　　　　4　しんなが

12　このカードは、地下鉄の改札を通るときに使います。

　　1　かいさつ　　　　　2　けいさつ　　　　　3　かいれい　　　　　4　けいれい

問題2 ＿＿＿のことばを漢字で書くとき、最もよいものを、1・2・3・4から一つえらびなさい。(3点×10)

1 もっとはやく走れるようになりたい。

　1 速く　　　　　　2 遠く　　　　　　3 急く　　　　　　4 進く

2 ボールをできるだけ遠くになげてください。

　1 捨げて　　　　　2 曲げて　　　　　3 放げて　　　　　4 投げて

3 私はげんざい、妻と子どもの3人でくらしています。

　1 現在　　　　　　2 現存　　　　　　3 原在　　　　　　4 原存

4 病気が早くよくなるよう、ねがっています。

　1 祝って　　　　　2 頼って　　　　　3 願って　　　　　4 祈って

5 近所にかみなりが落ちて、ていでんになりました。

　1 断電　　　　　　2 低電　　　　　　3 閉電　　　　　　4 停電

6 中村先生はどくしんだそうです。

　1 独身　　　　　　2 単身　　　　　　3 独者　　　　　　4 単者

7 彼の話を聞いて、あたたかい気持ちになった。

　1 湯かい　　　　　2 暑かい　　　　　3 温かい　　　　　4 熱かい

8 私はうそをついていません。しんじてください。

　1 信じて　　　　　2 心じて　　　　　3 真じて　　　　　4 新じて

9 この作家は子どものためのものがたりをたくさん書いた。

　1 物話　　　　　　2 物語　　　　　　3 物説　　　　　　4 物記

10 ゆうべは飲み会があって、きたくが夜中になってしまった。

　1 着家　　　　　　2 帰家　　　　　　3 着宅　　　　　　4 帰宅

問題3 （　　）に入れるのに最もよいものを、1・2・3・4から一つえらびなさい。　　(4点×6)

1 今朝は地震で目が（　　　　　）。

　1 覚めました　　　2 残りました　　　3 閉じました　　　4 起きました

2 A社の田中さんは、明るくて（　　　　　）がいい人ですね。

　1 健康　　　　　　2 考え　　　　　　3 返信　　　　　　4 感じ

3 旅行の（　　　　）に写真をとりましょう。

　　1　残念　　　　　　2　感動　　　　　　3　残業　　　　　4　記念

4 このバスは、市民病院を（　　　　）センター駅へ向かいます。

　　1　追いこして　　　2　過ごして　　　　3　測って　　　　4　経由して

5 この前負けたチームに、今日は一点（　　　　）で勝つことができた。

　　1　上　　　　　　　2　比　　　　　　　3　差　　　　　　4　末

6 部屋のカーテンが古くなったので、新しいのと（　　　　）した。

　　1　交換　　　　　　2　入力　　　　　　3　指定　　　　　4　返事

問題4　＿＿＿に意味が最も近いものを、1・2・3・4から一つえらびなさい。　　　　　（2点×3）

1 ここは、駐車禁止です。

　　1　車を止めてはいけない場所です　　　　2　車で入ってはいけない場所です
　　3　車から降りてはいけない場所です　　　4　車を動かしてはいけない場所です

2 来月、大学の先輩に会う機会があります。

　　1　ケース　　　　　2　イベント　　　　3　チャンス　　　　4　アイデア

3 雨がやみ、空が次第に明るくなってきた。

　　1　どんどん　　　　2　やっと　　　　　3　だんだん　　　　4　すぐに

問題5　つぎのことばの使い方として最もよいものを、1・2・3・4から一つえらびなさい。　（2点×2）

1 通り過ぎる

　　1　いつか、仕事で父を通り過ぎたいと思っています。
　　2　仕事のことを考えながら歩いていたら、家の前を通り過ぎていた。
　　3　前を走っている車が遅いので、スピードを上げて通り過ぎた。
　　4　日本に来てから、毎日楽しく通り過ぎています。

2 正直な

　　1　悪いのは彼だと正直にわかっているのに、だれも言わない。
　　2　怒らないから、本当のことを正直に言いなさい。
　　3　集まった人は正直にはわかりませんが、30人くらいだと思います。
　　4　薬は医者に言われたとおり、正直に飲みなさい。

問題1　＿＿＿のことばの読み方として最もよいものを、1・2・3・4から一つえらびなさい。　(3点×12)

1 　将来、独立して自分の会社を作りたい。
しょうらい
　　1　どくたつ　　　　2　どくりつ　　　　3　とくたつ　　　4　とくりつ

2 　休日はよく夫婦で出かけます。
　　1　ふうふう　　　　2　ふふう　　　　　3　ふふ　　　　　4　ふうふ

3 　子どものころのことは、あまり覚えていません。
　　1　おしえて　　　　2　おぼえて　　　　3　かえて　　　　4　かんがえて

4 　これからテスト用紙を配ります。
　　1　はいります　　　2　のこります　　　3　さわります　　4　くばります

5 　電車はこんでいたが、席が空いて座ることができた。
　　1　せき　　　　　　2　かぎ　　　　　　3　あな　　　　　4　いす

6 　そんなに私に期待しないでください。
　　1　きたい　　　　　2　きじ　　　　　　3　こたい　　　　4　こじ

7 　大島さんは笑顔がとてもすてきです。
おおしま
　　1　わらかお　　　　2　わらがお　　　　3　えかお　　　　4　えがお

8 　子どもたちが並んで道路を横断している。
　　　　　　　なら
　　1　おうだん　　　　2　よこだん　　　　3　おうたん　　　4　よこたん

9 　彼とは過去に一度会ったことがあります。
　　1　かきょ　　　　　2　かこう　　　　　3　かこ　　　　　4　かあこ

10 　この電車は、あと5分で東京駅に到着します。
　　1　とうつく　　　　2　とうちゃく　　　3　とつく　　　　4　とちゃく

11 　これから図書館に本を返しに行きます。
　　1　かえしに　　　　2　わたしに　　　　3　かしに　　　　4　もどしに

12 　さいふにお金がなくなったので、ATMで現金を引き出した。
　　1　けんきん　　　　2　けんこん　　　　3　げんきん　　　4　ごんきん

問題2 ＿＿のことばを漢字で書くとき、最もよいものを、1・2・3・4から一つえらびなさい。(3点×10)

1 こちらの<u>れつ</u>に並んでください。

   1 列   2 例   3 則   4 側

2 父は<u>ざんぎょう</u>で毎日帰りが遅い。

   1 産業   2 産事   3 残業   4 残事

3 あの、<u>みどり</u>色のやねの家が私の家です。

   1 嫁   2 緑   3 禄   4 縁

4 この電車は、次の駅で10分<u>ていしゃ</u>します。

   1 駅車   2 駐車   3 停車   4 住車

5 コンビニの前でタクシーを<u>おりた</u>。

   1 移りた   2 移た   3 降りた   4 降た

6 夕食後、21時までは<u>じゆう</u>時間です。

   1 事有   2 自有   3 事由   4 自由

7 今日は夜になると<u>きおん</u>が下がるそうなので、上着を持って出かけましょう。

   1 気湿   2 気温   3 気暖   4 気晴

8 <u>けんこう</u>によくないので、タバコはやめたほうがいいですよ。

   1 健庫   2 健康   3 建庫   4 建康

9 友達と食べ物の話をしていたら、母の料理が<u>こいしく</u>なりました。

   1 好しく   2 愛しく   3 親しく   4 恋しく

10 彼女は話しながら<u>なみだ</u>をふいた。

   1 流   2 汗   3 涙   4 泣

問題3 （　）に入れるのに最もよいものを、1・2・3・4から一つえらびなさい。(4点×6)

1 今までしっかり勉強してきたので、試験に合格する（　　　　）があります。

   1 自信   2 圧力   3 理由   4 予定

2 ホテルの部屋から見える景色がとてもきれいで（　　　　）した。

   1 感情   2 感覚   3 感動   4 感想

3 警官がどろぼうを（　　　　　）いる。

1　乗りかえて　　　　2　乗りこして　　　　3　追いついて　　　4　追いかけて

4 テストの点がとても悪かったので、（　　　　）テストを受けなければならない。

1　次　　　　　　　2　再　　　　　　　3　復　　　　　　　4　未

5 飲み会に誘われたが、体の調子がよくなかったので（　　　　）。

1　断った　　　　　2　結んだ　　　　　3　失った　　　　　4　降りた

6 受付をした（　　　　）にお呼びしますので、しばらくお待ちください。

1　番号　　　　　　2　最初　　　　　　3　順番　　　　　　4　前後

問題4　＿＿＿＿に意味が最も近いものを、1・2・3・4から一つえらびなさい。　　　　　（2点×3）

1 レポートのしめきりまであと1週間しかない。

1　現在　　　　　　2　予約　　　　　　3　期限　　　　　　4　季節

2 うちの子は短気なところがある。

1　待てない　　　　2　言えない　　　　3　遊べない　　　　4　覚えられない

3 何回も同じ失敗をくり返してはいけません。

1　テーマ　　　　　2　ミス　　　　　　3　データ　　　　　4　ルール

問題5　つぎのことばの使い方として最もよいものを、1・2・3・4から一つえらびなさい。　　　（2点×2）

1 怒鳴る

1　となりの家の犬が怒鳴っているのが聞こえる。
2　外でかみなりが怒鳴っているので、こわくて眠れない。
3　毎朝、目覚まし時計が怒鳴る音で起きています。
4　さっきは怒鳴ってしまって、ごめんなさい。

2 性格

1　この紙はふつうの紙ではなく、水に強いのが性格です。
2　ヒロミさんは明るい性格で、いつも楽しそうにしています。
3　彼は私が困っている性格を見て、助けてくれました。
4　ここは遠くまでよく見えて、性格がいい場所ですね。

学校 School Trường học
がっこう

1 授業

授業 ▲

実験 ▲

よい成績 ▲

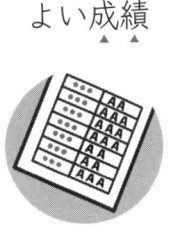

欠席 ▲

卒業 ▲

---

❹❷❻ 授 　一 十 扌 扩 扩 扩 扩 扩 护 授 授 　　11画

give
[THỤ,THỌ] trao, cho
← 扌 手て + 受 ：手から手へ渡して、受け取らせる（＝もらわせる）→❻❶❸ 受

ジュ

授業 する　class, lesson
じゅぎょう　tiết học, giờ học

▸ 授業を受ける　to have a class
う　có giờ học, dự lớp học

▸ 文法の授業は週に５時間ある。
ぶんぽう　しゅう　じかん

▸ 今授業中です。　We are in class now.
いま　ちゅう　Chúng tôi đang trong giờ học.
We have five grammar classes a week.
Có 5 giờ học ngữ pháp mỗi tuần.

---

❹❷❼ 欠 　ノ ク 今 欠 　　4画

chip, lack
[KHIẾM] thiếu, không đủ
← あくび yawn をしている形　ngáp　かたち
❶ 書き方注意　か かたちゅうい
下にはらう
した

ケツ
（ケッ-）

欠席 する　absence
けっせき　sự vắng mặt
↔ 出席 する
しゅっせき

欠点　fault, defect
けってん　khuyết điểm

▸ 病気で授業を欠席した。　I missed the class for sick.
びょうき　＊ Tôi đã nghỉ học vì bị ốm.

▸ 欠席の連絡をする　to inform one's absence　＊ liên lạc về việc vắng mặt
れんらく

▸ 私の欠点は短気なところだ。　My fault is that I'm short-tempered.
わたし　たんき　Khuyết điểm của tôi là nóng tính.

▸ 欠点を直す　to correct one's faults　＊ sửa chữa khuyết điểm
なお

---

❹❷❽ 成 　ノ 厂 万 成 成 成 　　6画

become, achieve
[THÀNH] làm xong
← 丁 くぎ nail かくび cái đinh + 戈 ：くぎを打って完成させる complete
う　かんせい　hoàn thành

セイ

成長 する　growth
せいちょう　sự trưởng thành

▸ 子どもが成長する　a child grow up　＊ con cái trưởng thành
こ

---

❹❷❾ 績 　く ﾑ ﾑ 纟 糸 糸 糸- 紅 紜 績 績 績 績 績 績 　　17画

spin (thread)
[TÍCH] cuộn (chỉ)
← 糸 糸 thread いと sợi chỉ + 責 （土 貝）集めて合わせる：糸を少しずつ合わせてできた結果 achievement
あ　いと すこ　あ　けっか thành tích

セキ

成績　grade
せいせき　kết quả, thành tích

▸ 成績が上がる / 下がる　grades/performance go(es) up/down　＊ thành tích tăng lên/giảm xuống
あ　さ

▸ テストでいい成績をとる　to get good marks on the test　＊ đạt kết quả tốt trong bài kiểm tra

---

書く練習 ✏

授 授　欠 欠

成 成　績 績

読みながら書きましょう 😊

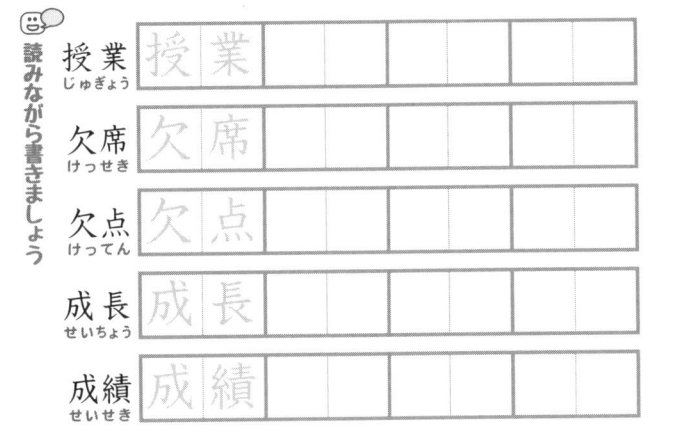

授業 じゅぎょう	授業		
欠席 けっせき	欠席		
欠点 けってん	欠点		
成長 せいちょう	成長		
成績 せいせき	成績		

430 実

` ` ` 宀 宀 宀 宔 実 実

実 true/real, fruit
[THỰC] đúng/thật, quả

← 宀家 + 三 + 人 : 家の中がお金などでいっぱいの様子

8画

ジツ

実力 (real) ability
じつりょく 　 thực lực

事実 fact, the truth
じ じつ 　 sự thật

(ジッ-)

実習 (practical) training
じっしゅう 　 thực tập

実験 experiment
じっけん 　 thực nghiệm, thí nghiệm

実家 one's parents' home
じっか 　 nhà bố mẹ đẻ

▸ 実力がある to have ability
có thực lực, có năng lực

▸ 実力テスト proficiency test
bài kiểm tra thực lực

▸ そのうわさは事実だ。 The rumor is the fact. ＊ Lời đồn đó là sự thật.

▸ 実力をつける / 伸ばす to develop/improve one's ability ＊ trang bị/phát triển thực lực

▸ 来月から実習が始まります。 Training starts next month.
らいげつ 　 はじ 　 Đợt thực tập sẽ bắt đầu từ tuần sau.

▸ 私の実験は失敗した。 My experiment was a failure. ＊ Thí nghiệm của tôi đã thất bại.
わたし 　 しっぱい

▸ 実験室 laboratory ＊ phòng thí nghiệm
しつ

▸ 今日、実家に帰ります。 I'm going back to my parents' house today.
きょう 　 かえ 　 Hôm nay tôi sẽ về nhà bố mẹ đẻ.

431 卒

` 亠 广 広 卆 広 卒 卒

卒 sudden, end
[TỐT] xong, kết thúc

← 宀 + 人 人 + 十

8画

ソツ

卒業 graduation
そつぎょう 　 tốt nghiệp

卒業式 graduation ceremony, commencement
そつぎょうしき 　 lễ tốt nghiệp

▸ 息子は今年卒業です。 My son is going to graduate this year.
むすこ 　 ことし 　 Con trai tôi sẽ tốt nghiệp trong năm nay.

▸ 卒業の記念に to commemorate graduation ＊ để làm kỉ niệm nhân dịp tốt nghiệp
きねん

Unit 5 学校

書く練習

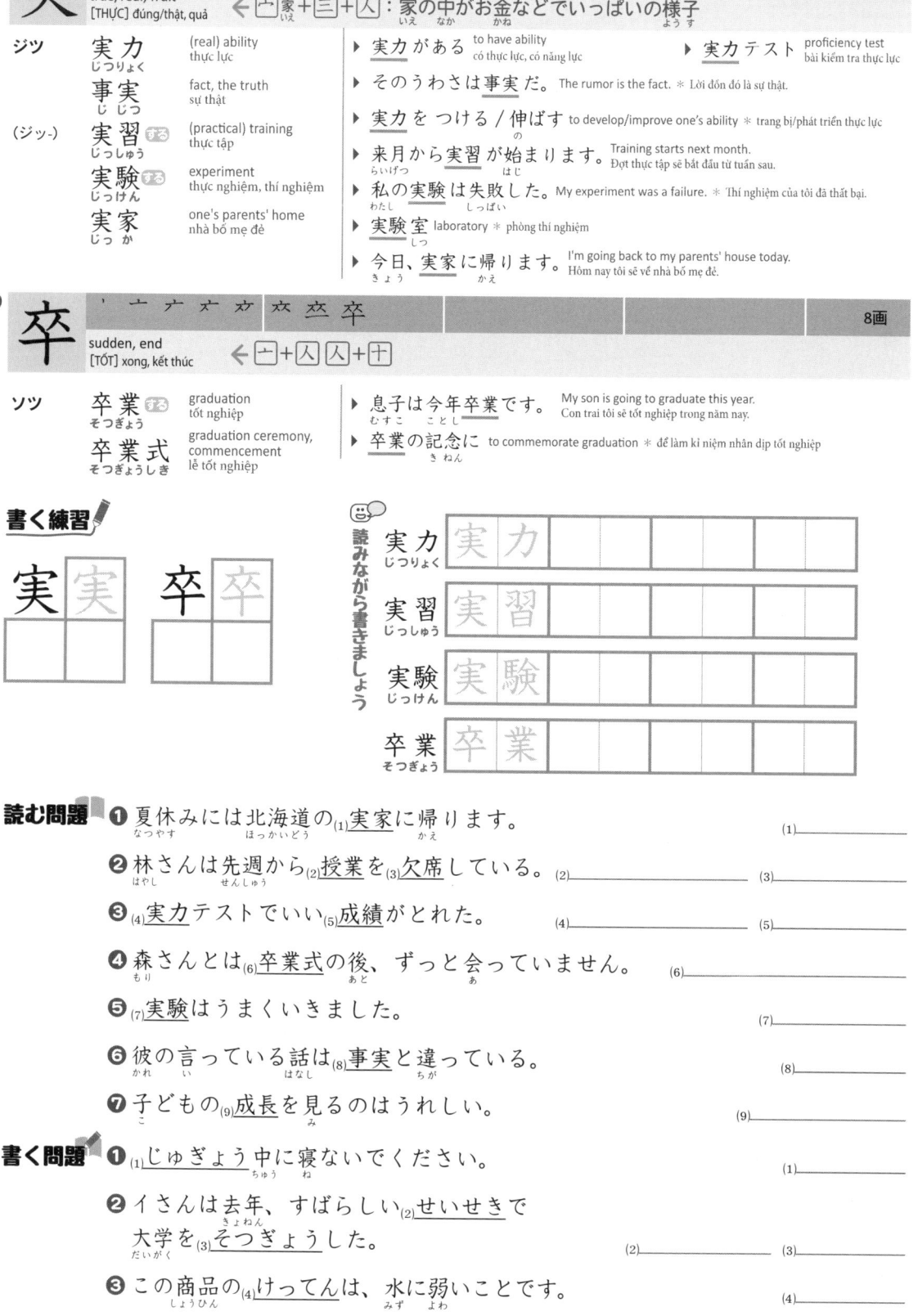

読みながら書きましょう

実力 じつりょく

実習 じっしゅう

実験 じっけん

卒業 そつぎょう

読む問題

❶ 夏休みには北海道の(1)実家に帰ります。
なつやす 　 ほっかいどう 　 かえ

(1)＿＿＿＿＿

❷ 林さんは先週から(2)授業を(3)欠席している。
はやし 　 せんしゅう

(2)＿＿＿＿＿ (3)＿＿＿＿＿

❸ (4)実力テストでいい(5)成績がとれた。

(4)＿＿＿＿＿ (5)＿＿＿＿＿

❹ 森さんとは(6)卒業式の後、ずっと会っていません。
もり 　 あと 　 あ

(6)＿＿＿＿＿

❺ (7)実験はうまくいきました。

(7)＿＿＿＿＿

❻ 彼の言っている話は(8)事実と違っている。
かれ い 　 はなし 　 ちが

(8)＿＿＿＿＿

❼ 子どもの(9)成長を見るのはうれしい。
こ 　 み

(9)＿＿＿＿＿

書く問題

❶ (1)じゅぎょう中に寝ないでください。
ちゅう ね

(1)＿＿＿＿＿

❷ イさんは去年、すばらしい(2)せいせきで
きょねん
大学を(3)そつぎょうした。
だいがく

(2)＿＿＿＿＿ (3)＿＿＿＿＿

❸ この商品の(4)けってんは、水に弱いことです。
しょうひん 　 みず よわ

(4)＿＿＿＿＿

❹ (5)じっしゅうは来月から始まります。
らいげつ はじ

(5)＿＿＿＿＿

Unit 5
2
得意

得意な科目は
科学です。

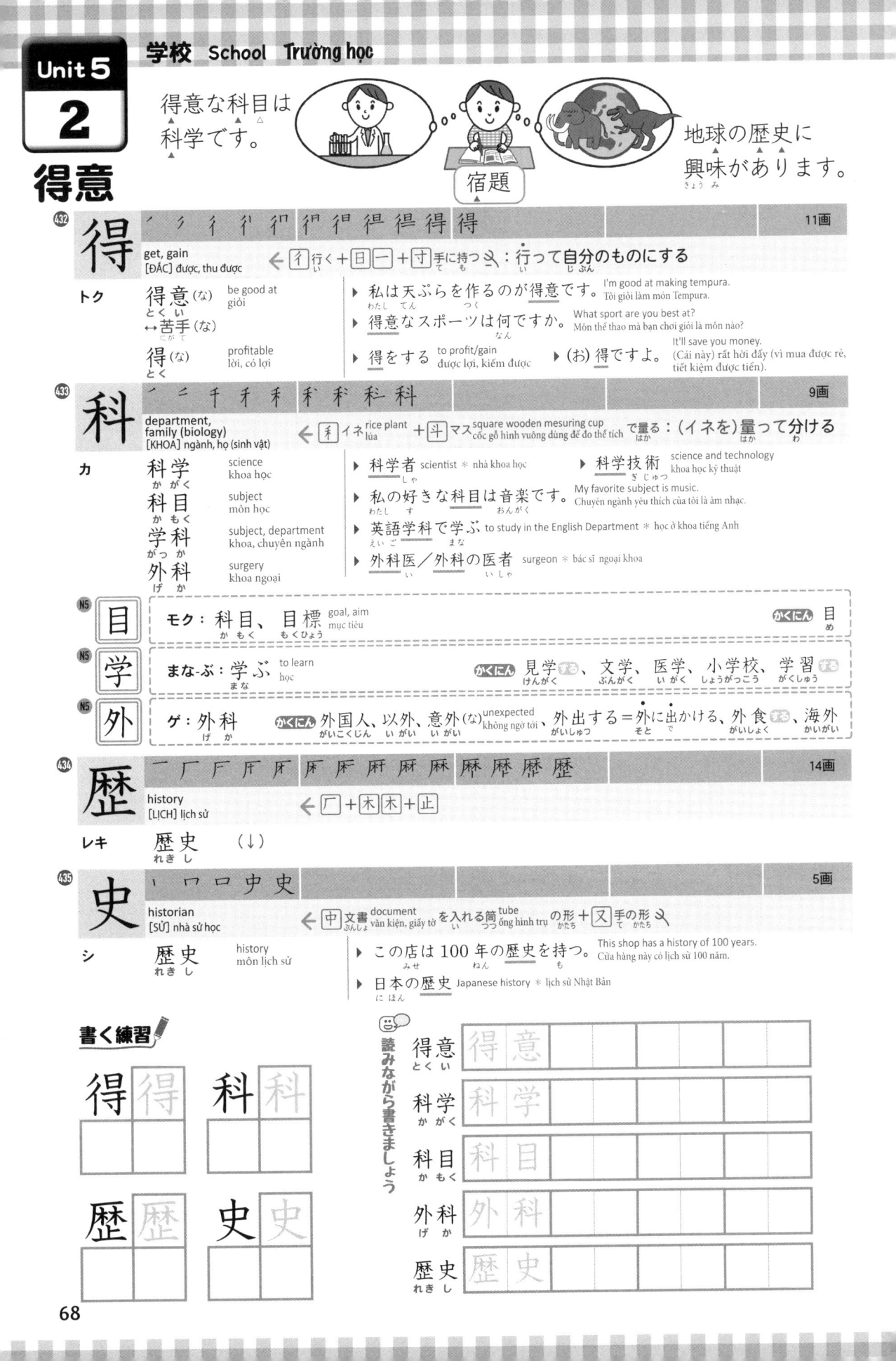

宿題

地球の歴史に
興味があります。
きょう み

---

④432 得

ㇵ ㇲ 彳 彳 ㇼ ㇼ 得 得 得 得 得　　　　11画

get, gain
[ĐẮC] được, thu được

← 彳 行く + 日一 + 寸 手に持つ ⤴ : 行って自分のものにする
い　　　　　　　　も　　　　　　い　　　じぶん

トク

得意 (な)　be good at
とく い　　　 giỏi
↔ 苦手 (な)
にが て

▶ 私は天ぷらを作るのが得意です。　I'm good at making tempura.
わたし てん　　 つく　　　　　　　 Tôi giỏi làm món Tempura.
▶ 得意なスポーツは何ですか。　What sport are you best at?
なん　　　　Môn thể thao mà bạn chơi giỏi là môn nào?

得 (な)　profitable
とく　　 lời, có lợi

▶ 得をする　to profit/gain
được lợi, kiếm được
▶ (お) 得ですよ。　It'll save you money.
(Cái này) rất hời đấy (vì mua được rẻ,
tiết kiệm được tiền).

---

④433 科

一 二 千 千 禾 禾 私 科 科　　　　9画

department,
family (biology)
[KHOA] ngành, họ (sinh vật)

← 禾 イネ rice plant + 斗 マス square wooden mesuring cup で量る : (イネを)量って分ける
lúa　　　　　　　　　　cốc gỗ hình vuông dùng để đo thể tích　　はか　　　　　　　はか　　　　わ

カ

科学　science
か がく　khoa học
科目　subject
か もく　môn học
学科　subject, department
がっ か　khoa, chuyên ngành
外科　surgery
げ か　khoa ngoại

▶ 科学者　scientist ＊ nhà khoa học　　　▶ 科学技術　science and technology
か がくしゃ　　　　　　　　　　　　　 か がくぎ じゅつ　khoa học kỹ thuật
▶ 私の好きな科目は音楽です。　My favorite subject is music.
わたし す　　 か もく　おんがく　Chuyên ngành yêu thích của tôi là âm nhạc.
▶ 英語学科で学ぶ　to study in the English Department ＊ học ở khoa tiếng Anh
えい ご がっ か　まな
▶ 外科医 / 外科の医者　surgeon ＊ bác sĩ ngoại khoa
げ か い　　 げ か　い しゃ

N5 目
モク：科目、目標　goal, aim　　　　かくにん 目
か もく もくひょう　mục tiêu　　　　　　 め

N5 学
まな-ぶ：学ぶ　to learn　　　かくにん 見学する、文学、医学、小学校、学習する
まな　　 học　　　　　　　　 けんがく　ぶんがく い がく しょうがっこう がくしゅう

N5 外
ゲ：外科　　かくにん 外国人、以外、意外 (な) unexpected 外出する＝外に出かける、外食する、海外
げ か　　　　　 がいこくじん い がい い がい　 không ngờ tới がいしゅつ　そと で　　 がいしょく かいがい

---

④434 歴

一 厂 厂 斤 斤 厈 厤 厤 厤 厤 厤 厤 歴 歴　　　14画

history
[LỊCH] lịch sử

← 厂 + 木木 + 止

レキ

歴史　(↓)
れき し

---

④435 史

㇐ 口 口 史 史　　　　5画

historian
[SỬ] nhà sử học

← 中 文書 document を入れる筒 tube の形 + 又 手の形 ⤴
ぶんしょ văn kiện, giấy tờ い　つつ ống hình trụ　かたち　　　 て　かたち

シ

歴史　history
れき し　môn lịch sử

▶ この店は 100 年の歴史を持つ。　This shop has a history of 100 years.
みせ　　　ねん　れき し　も　Cửa hàng này có lịch sử 100 năm.
▶ 日本の歴史　Japanese history ＊ lịch sử Nhật Bản
に ほん　れき し

書く練習 ✏

得 得　科 科

歴 歴　史 史

読みながら書きましょう

得意　得 意
とく い

科学　科 学
か がく

科目　科 目
か もく

外科　外 科
げ か

歴史　歴 史
れき し

436 宿
ノ　宀　宀　宀　宀　宀　宿　宿　宿　宿
lodging
[TÚC] ở lại, ngủ lại
11画

←宀家
いえ ＋ イ人
ひと ＋ 百 ふとんの形：人がふとんをしいて家に泊まる
かたち　ひと　　　　　　いえ と

シュク

宿題
しゅくだい
homework
bài tập về nhà

下宿 する
げ しゅく
boarding/rooming (house)
việc ở trọ

▸ 漢字の宿題をする　to do one's kanji homework ※ làm bài tập về nhà chữ Kanji
かんじ

▸ 宿題が終わる　to finish one's homework ※ làm xong bài tập về nhà
お

▸ 大学の近くに下宿しています。　I'm bording near the university.
だいがく　ちか　　　　　　　　　Tôi đang ở trọ gần trường đại học.

▸ 下宿を探す　to look for a boarding house ※ tìm nhà trọ
さが

N5 下

ゲ：上下＝上と下、上下する　to go up and down
じょうげ　うえ した　じょうげ　　　lên xuống, tăng giảm

かくにん 下着、下りる、下がる、下げる、下る、下さる、地下鉄、以下
したぎ　お　　さ　　さ　　くだ　　　　くだ　　ちかてつ いか

437 球
一　丅　 T　王　王　玗　玕　玗　球　球　球
ball
[CẦU] quả bóng
11画

←王＝玉：ボール＋求一つの点に集まる✕：一つの点を中心に丸くなる
たま　　　　　　　ひと　てん あつ　　　　　ひと　てん ちゅうしん まる

キュウ

地球
ち きゅう
the earth
trái đất

電球
でんきゅう
light bulb
bóng đèn

野球
や きゅう
baseball
bóng chày

▸ 地球の歴史　the history of the earth
れき し　lịch sử trái đất

▸ 地球は回る　the earth revolves
まわ　trái đất quay

▸ 電球が切れている。　The light bulb has burned out. ※ Bóng đèn bị cháy rồi.
き

▸ プロ野球の試合を見る　to watch professional baseball games
し あい み　xem trận đấu bóng chày chuyên nghiệp

Unit 5　学校

書く練習

宿 宿
球 球

読みながら書きましょう

宿題 しゅくだい	宿 題				
下宿 げ しゅく	下 宿				
地球 ち きゅう	地 球				
電球 でんきゅう	電 球				

読む問題

❶ 私は(1)歴史が(2)得意です。
わたし
(1)＿＿＿＿＿＿ (2)＿＿＿＿＿＿

❷ 漢字の(3)宿題を忘れていた。
かんじ　　　　　わす
(3)＿＿＿＿＿＿

❸ 私は大学の外国語(4)学科でタイ語を(5)学んでいます。
わたし　だいがく がいこく ご　　　　　　　ご
(4)＿＿＿＿＿＿ (5)＿＿＿＿＿＿

❹ (6)下宿の階段の(7)電球が切れました。
かいだん　　　　　き
(6)＿＿＿＿＿＿ (7)＿＿＿＿＿＿

❺ この病院に(8)外科はありますか。
びょういん
(8)＿＿＿＿＿＿

❻ 私はサッカーより(9)野球を見るのが好きだ。
わたし　　　　　　　み　　す
(9)＿＿＿＿＿＿

書く問題

❶ (1)かがくの(2)しゅくだいが終わりません。
(1)＿＿＿＿＿＿ (2)＿＿＿＿＿＿

❷ 私の(3)とくいな(4)かもくは英語です。
わたし　　　　　　　えいご
(3)＿＿＿＿＿＿ (4)＿＿＿＿＿＿

❸ 私は(5)ちきゅうの(6)れきしを研究しています。
わたし　　　　　　　けんきゅう
(5)＿＿＿＿＿＿ (6)＿＿＿＿＿＿

❹ 将来は(7)げか医になりたいです。
しょうらい　　　　い
(7)＿＿＿＿＿＿

3 正解

学校 School Trường học

第3章の問題が終わったら
解答を見てください。

間違えた問題は、説明や
例をよく読んでください。

わからないときは
辞書を引きましょう。

疑問点があったら
質問してください。

---

438 章 11画

一 十 寺 立 产 产 音 音 音 章

mark, movement (music)
[CHƯƠNG] chương

← 音 + 十 (10)：音を十 (10) 集めて音楽や文章をつくる

ショウ
章 chapter / chương (sách)
しょう

文章 writing / câu văn, đoạn văn, bài viết
ぶんしょう

▶ 第1章 chapter 1 ＊ chương 1 　▶ 文章を書くのが得意だ to be good at writing / giỏi viết

▶ わかりやすい文章 easy-to-understand text ＊ văn bản (đoạn văn, bài viết) để hiểu

---

439 解 13画

ノ ク ク 角 角 角 角 角 解 解 解 解

undo, solve
[GIẢI] cởi ra, tháo ra

← 角 つの horn + 刀 sword + 牛 cow：力で牛をバラバラにする

カイ
正解 correct/right answer / đáp án đúng/câu trả lời đúng
せいかい

解答 answer / câu trả lời, sự trả lời
かいとう

解決 solution / giải quyết
かいけつ

▶ 正解を選びなさい。Choose the right answer. ＊ Hãy chọn đáp án đúng.

▶ 解答用紙 answer sheet ＊ tờ ghi đáp án

▶ 問題を解決する to solve a problem ＊ giải quyết vấn đề

N5 正 セイ：正答＝正しい答え 　かくにん 正月
せいとう　ただ　こた　　　　　しょうがつ

N4 答 トウ：解答する 　かくにん 答え
かいとう　　　　こた

---

440 例 8画

ノ イ イ イ 伊 伊 例 例

example, custom
[LỆ] ví dụ, thói quen

← イ人 + 列：同じようなものを並べて列にする人

たと-える
例えば for example / ví dụ, chẳng hạn
たと

レイ
例 example / ví dụ
れい

▶ 例えば / 例をあげると、アイスクリームのような甘い物が好きです。
あま もの す

For example, I like sweets such as icecream.
Chẳng hạn, tôi thích những đồ ngọt như là kem.

---

441 辞 13画

一 二 千 チ 舌 舌 舌 舌 舌 舌 辞 辞 辞

word, speech
[TỪ] lời nói ra

← 舌 tongue + 立 + 十：言葉を話すとき舌を使う

や-める
辞める to resign/leave / nghỉ, từ bỏ
や

ジ
辞書 dictionary / từ điển
じしょ

▶ 学校/会社 を 辞める to leave school / to resign from a company / nghỉ việc ở công ty/bỏ học ở trường
がっこう かいしゃ や

▶ 辞書で言葉を調べる to look up words in a dictionary ＊ tìm từ trong từ điển
ことば しら

▶ 辞書を引く to consult a dictionary ＊ tra từ điển
ひ

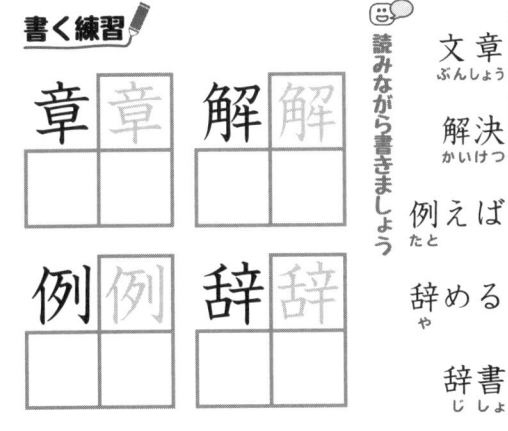

書く練習

章 解
例 辞

読みながら書きましょう

文章 文章
ぶんしょう

解決 解決
かいけつ

例えば 例えば 　　例 例
たと　　　　　　　れい

辞める 辞める
や

辞書 辞書
じしょ

442 違

ノ ⺅ 五 ⺺ 吾 吾 吾 音 音 音 章 章 違 違　　13画

differ
[VI] trái, khác

← 辶 進む + 韋 (⺒ 口 井)

ちが-う	違う ちが	wrong, different / khác, không phải
	違い ちが	difference / sự khác nhau
	間違う まちが	to make a mistake / sai, nhầm
	間違い まちが	mistake, error / lỗi, sai sót
ちが-える	間違える まちが	to make a mistake / nhầm lẫn

▶ 「あなたは日本人ですか。」 にほんじん
「いいえ、違います。」 ちが
"Are you Japanese?" "No, I'm not."
"Anh có phải là người Nhật không?"
" Không, không phải."

▶ AとBの違い ちが difference between A and B ＊ sự khác nhau giữa A và B

▶ この答えは間違っている。 こた まちが This answer is wrong. ＊ Câu trả lời này sai.

▶ リストに間違いを見つける まちが み to find the mistake in a list
tìm/phát hiện ra sai sót trong danh sách

▶ 道を間違える みち まちが to take the wrong road ＊ nhầm đường

443 疑

ノ ヒ ヒ ヒ 是 矣 矣 矣 矣 疑 疑 疑 疑 疑　　14画

doubt
[NGHI] nghi ngờ

← ヒ + 矢 + マ + 疋 正しい ただ ：ヒマな人が「正しくないかもしれない」と疑う ひと ただ うたが

| うたが-う | 疑う うたが | to doubt/suspect / nghi ngờ |
| ギ | 疑問 ぎもん | doubt, question / thắc mắc, nghi vấn |

▶ なぜ私を疑うのですか。 わたし うたが Why do you suspect/distrust me?
Tại sao anh lại nghi ngờ tôi?

▶ ＿＿＿ を疑問に思う / 疑う もん おも うたが to doubt/suspect ＿＿
thắc mắc/nghi ngờ về việc ＿＿

▶ 疑問文 ぶん interrogative sentence / câu hỏi, câu nghi vấn

▶ 疑問点 てん questions, question marks / điểm nghi vấn

Unit 5 学校

書く練習

違 違　　疑 疑

読みながら書きましょう

違う ちが	違 う				
間違う まちが	間 違 う				
疑う うたが	疑 う				
疑問 ぎもん	疑 問				

読む問題

❶ 彼は私を(1)疑っている。 かれ わたし うたが

(1)＿＿＿＿＿＿

❷ この(2)文章に書いてあることは(3)間違っている。 か まちが

(2)＿＿＿＿＿＿ (3)＿＿＿＿＿＿

❸ (4)正解は3番です。 ばん

(4)＿＿＿＿＿＿

❹ 授業で使わないもの、(5)例えばマンガやゲームなどは じゅぎょう つか
持ってこないでください。 も

(5)＿＿＿＿＿＿

❺ 彼が本当に会社を(6)辞めるかどうかは(7)疑問だ。 かれ ほんとう かいしゃ

(6)＿＿＿＿＿ (7)＿＿＿＿＿

❻ この問題をみんなで(8)解決しよう。 もんだい

(8)＿＿＿＿＿＿

書く問題

❶ この2冊の(1)じしょに(2)ちがいはありますか。 さつ

(1)＿＿＿＿ (2)＿＿＿＿

❷ この文を(3)れいのように(4)ぎもん文に変えなさい。 ぶん ぶん か

(3)＿＿＿＿ (4)＿＿＿＿

❸ カタログに漢字の(5)まちがいがありました。 かんじ

(5)＿＿＿＿＿＿

❹ 次の(6)ぶんしょうを読んで、問題に答えなさい。 つぎ よ もんだい こた

(6)＿＿＿＿＿＿

❺ (7)かいとうは、最後のページにあります。 さいご

(7)＿＿＿＿＿＿

71

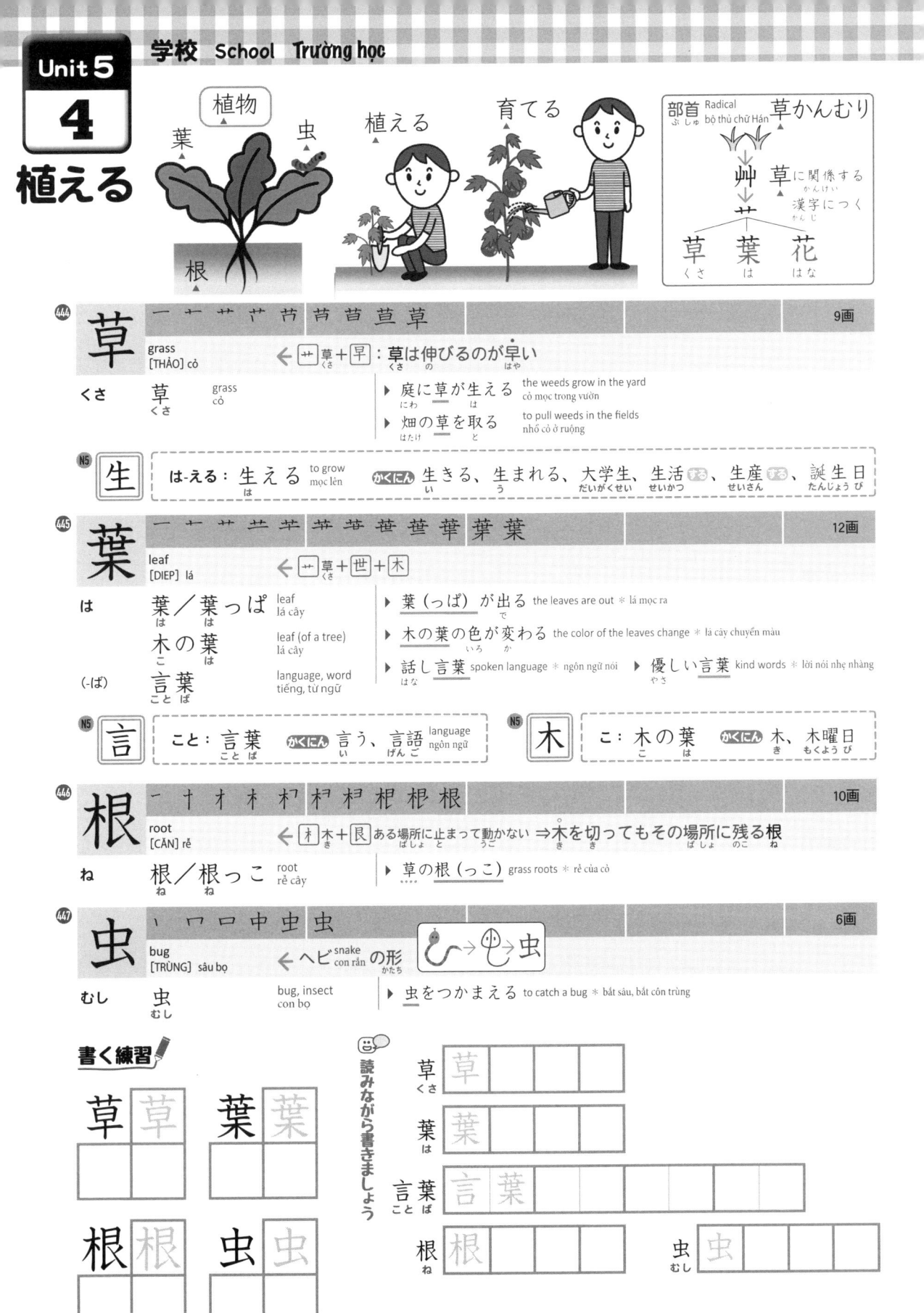

植物

葉 虫

根

植える 育てる

部首 Radical
ぶしゅ bộ thủ chữ Hán
草かんむり

艸 → 草に関係する
かんけい
漢字につく
かんじ

草 葉 花
くさ は はな

---

444 草

一 十 艹 艹 艻 芑 苩 草 草 9画

grass
[THẢO] cỏ

← 艹 草 + 早 : 草は伸びるのが早い
くさ の はや

くさ 草 grass
くさ cỏ

▶ 庭に草が生える the weeds grow in the yard
にわ は cỏ mọc trong vườn
▶ 畑の草を取る to pull weeds in the fields
はたけ と nhổ cỏ ở ruộng

N5 生 は-える：生える to grow
は mọc lên
かくにん 生きる、生まれる、大学生、生活 **する**、生産 **する**、誕生日
い う だいがくせい せいかつ せいさん たんじょうび

---

445 葉

一 十 艹 艹 艹 苹 莊 莊 世 華 葉 葉 12画

leaf
[DIỆP] lá

← 艹 草 + 世 + 木
くさ

は 葉／葉っぱ leaf
は は lá cây
木の葉 leaf (of a tree)
こ は lá cây
(-ば) 言葉 language, word
こと ば tiếng, từ ngữ

▶ 葉（っぱ）が出る the leaves are out ＊ lá mọc ra
で
▶ 木の葉の色が変わる the color of the leaves change ＊ lá cây chuyển màu
こ は いろ か
▶ 話し言葉 spoken language ＊ ngôn ngữ nói ▶ 優しい言葉 kind words ＊ lời nói nhẹ nhàng
はな やさ

N5 言 こと：言葉 **かくにん** 言う、言語 language
こと ば い げんご ngôn ngữ
N5 木 こ：木の葉 **かくにん** 木、木曜日
こ は き もくようび

---

446 根

一 十 才 木 朾 桓 杞 根 根 根 10画

root
[CĂN] rễ

← 木 木 + 艮 ある場所に止まって動かない ⇒ 木を切ってもその場所に残る根
き ばしょ と うご き き ばしょ のこ ね

ね 根／根っこ root
ね ね rễ cây

▶ 草の根（っこ） grass roots ＊ rễ của cỏ

---

447 虫

丶 口 口 中 虫 虫 6画

bug
[TRÙNG] sâu bọ

← ヘビ snake の形
con rắn かたち

む → む → 虫

むし 虫 bug, insect
むし con bọ

▶ 虫をつかまえる to catch a bug ＊ bắt sâu, bắt côn trùng

書く練習

草 草
葉 葉
根 根
虫 虫

読みながら書きましょう

草 草
くさ
葉 葉
は
言葉 言葉
こと ば
根 根
ね
虫 虫
むし

448 植

```
一 十 才 木 木 柿 柿 柿 柿 植 植 植
```
12画

plant
[THỰC] trồng

← 木 き + 直 まっすぐ：木をまっすぐに植える
き　　う

| う-える | 植える
う | to plant
trồng |
| ショク | 植物
しょくぶつ | plant
thực vật, cây cối |

▶ 木を植える to plant a tree ＊ trồng cây
き　う

▶ 庭の植物に水をやる to water the plants in the garden ＊ tưới nước cho cây cối trong vườn
にわ　　　　　　みず

449 育

```
亠 亠 士 去 充 育 育 育
```
8画

grow
[DỤC] nuôi

← 去 赤ちゃんの形 + 月 肉：子どもに肉がつく ❶書き方注意
あか　かたち　　にく　こ　　　　にく　　　　か　かたちゅうい

育 とめる
月

そだ-つ	育つ そだ	to grow, to be brought up lớn lên
そだ-てる	育てる そだ	to grow, to bring up nuôi nấng, nuôi dưỡng
イク	教育 する きょういく	education giáo dục

▶ 私は京都で育った。 I grew up in Kyoto. ＊ Tôi lớn lên ở Kyoto.
わたし きょうと　そだ

▶ 子どもを育てる to raise/bring up a child nuôi con
こ　　　そだ

▶ 野菜を育てる to grow vegetables trồng rau
やさい　そだ

▶ 子どもの教育によくない not good for the children's education không tốt cho việc giáo dục trẻ con
こ　　きょういく

▶ 教育を受ける to get an education ＊ được giáo dục
きょういく　う

Unit 5 学校

書く練習

植 植 □ □ 育 育 □ □

読みながら書きましょう

植える う	植 え る			
植物 しょくぶつ	植 物			
育つ そだ	育 つ			
育てる そだ	育 て る			
教育 きょういく	教 育			

読む問題

❶ 庭に(1)植えた木のまわりに(2)草が(3)生えた。
にわ　　　　き

(1)_____ (2)_____ (3)_____

❷ (4)虫が飛んできた。
と

(4)_____

❸ 子どもの(5)教育のために、(6)植物を(7)育てています。
こ

(5)_____ (6)_____ (7)_____

❹「(8)根っこ」や「(9)葉っぱ」は話し(10)言葉です。
はな

(8)_____ (9)_____ (10)_____

書く問題

❶ 庭の(1)くさを取る。
にわ　　　と

(1)_____

❷ 私はいなかで(2)そだちました。
わたし

(2)_____

❸ この(3)むしは、木の(4)はをよく食べます。
こ　　た

(3)_____ (4)_____

❹ この(5)しょくぶつの(6)ねは薬になる。
くすり

(5)_____ (6)_____

❺ 悪い(7)ことばを使うのは、子どもの(8)きょういくによくない。
わる　　　　つか　　　　こ

(7)_____ (8)_____

5 数

計算をしましょう。

4×(7−3)=?

全員いますか。
人数を数えましょう。

単語の復習をしましょう。

☑そだてる　(育てる)
☑きょういく(教育)

おなじ
複　復
複数(ふくすう)　復習(ふくしゅう)
おなじ

反対(はんたい)の意味(いみ)
単⟷複
一(ひと)つ　二(ふた)つ以上(いじょう)

(450) 数 — 13画

、 ソ 丷 半 米 米 类 娄 娄 娄 数 数 数

number
[SỐ] số

← 米+女+攵させる：女(おんな)の人(ひと)に米(こめ)の数(かず)を数(かぞ)えさせる

かず	数(かず)	number / số	▶ ケーキの数を数える to count the cakes ＊ đếm số bánh
かぞ-える	数(かぞ)える	to count / đếm	▶ 1から10まで数える to count from one to ten ＊ đếm từ 1 đến 10
スウ	数学(すうがく)	mathematics / số học	▶ 私(わたし)は数学が苦手(にがて)です。 I am bad/poor at math. ＊ Tôi không giỏi Toán.
	数字(すうじ)	numeral, number / chữ số	▶ 好(す)きな数字は2です。 My favorite number is 2. ＊ Con số yêu thích của tôi là số 2.
	＿数(すう)	number of ＿ / số lượng ＿ ＝＿の数(かず)	▶ 失業者数(しつぎょうしゃすう) the number of the unemployed / số lượng người thất nghiệp　▶ 観客数(かんきゃくすう) audience size / số lượng quan khách
(-ズウ)	人数(にんずう)	the number of people / chữ số	▶ 人数が多(おお)い there are many people ＊ số lượng lớn người, nhiều người

(451) 算 — 14画

ノ ト ト ド 𥫗 竹 竹 笪 笪 筫 筫 算 算 算

count
[TOÁN] tính, đếm

← 竹(たけ) bamboo / cây tre ＋目＋廾 両手(りょうて)の形(かたち)：竹(たけ)を並(なら)べて数(かず)を数(かぞ)える　1、2、3、4…

サン	計算(けいさん)する	calculation / sự tính toán	▶ 計算を間違(まちが)える to miscalculate ＊ tính toán sai, tính nhầm ▶ お金(かね)の計算をする to count the money ＊ tính toán tiền bạc

(452) 全 — 6画

ノ 入 亼 仐 全 全

all
[TOÀN] toàn bộ, tất cả

← 入+王

まった-く	全(まった)く	absolutely, (not) ... at all / hoàn toàn, hoàn toàn…ko…	▶ 全く同(おな)じ exactly the same / hoàn toàn giống nhau　▶ 全く知(し)らない completely unknown / hoàn toàn không biết
ゼン	全体(ぜんたい)	the whole / toàn thể, tất cả	▶ クラス全体の意見(いけん) the opinion of the whole class ＊ ý kiến của toàn thể lớp
	全員(ぜんいん)	all, everybody / tất cả các thành viên	▶ 私(わたし)たち全員 all of us ＊ tất cả chúng tôi, tất cả chúng ta
	安全(あんぜん)(な)	safe / an toàn	▶ ここにいれば安全だ。 You are safe here. / Ở đây thì sẽ an toàn.　▶「安全運転(うんてん)」 Safe Driving / lái xe an toàn
	全(ぜん)＿	＝ぜんぶの、すべての	▶ 全社員(しゃいん) all employees ＊ tất cả nhân viên công ty　▶ 全試合(しあい) all/every games / tất cả các trận đấu

書く練習

算 算
数 数
全 全

読みながら書きましょう

数(かず) 数
数学(すうがく) 数学
数(かぞ)える 数える
人数(にんずう) 人数
計算(けいさん) 計算
全(まった)く 全く
全体(ぜんたい) 全体

453 単

`丶 丷 ″ ゛ ゛ ゛ ゛ ゛ 単` 9画

single
[ĐƠN] chỉ một

←⺍+田+十：昔使われていた道具の形 ⇒1本
　　　　　　　　　むかしつか　　　どうぐ　かたち　　　ぽん

タン　単語　word　▶ 単語の試験　vocabulary test　▶ 単語を暗記する　to memorize words
　　　たん ご　từ　　　　　　 しけん　bài kiểm tra từ vựng　　　　　　あん き　học thuộc từ

454 複

`丶 ラ ラ ネ ネ ネ ネ ネ ネ 衤 衤 複 複 複` 14画

multiple
[PHỨ] nhiều

←衤服+复重ねる：服を重ねて着る ⇒重ねる、二つ以上ある
　ふく　かさ　　　ふく かさ　き　　かさ　　ふた　い じょう

フク　複数　the plural (number)　▶ 複数の写真の中から選ぶ　to select from multiple photos ＊ chọn ra từ nhiều bức ảnh
　　　ふくすう　số nhiều　　　　　しゃしん　なか　えら

　　　　　　　　　　　　　　　▶ 正解が複数ある　there is more than one right answer ＊ có nhiều đáp án
　　　　　　　　　　　　　　　　せいかい

455 復

`彳 彳 彳 彳 彳 行 行 衜 衜 復 復 復` 12画

return, repeat
[PHỤC] trở lại, lặp lại

←彳行く+复重ねる：同じコースを行って戻る
　い　　　かさ　　　おな　　　　　い　　もど

フク　復習する　review　▶ 今日の授業の復習をする　to review today's lesson ＊ ôn tập lại bài học hôm nay
　　　ふくしゅう　ôn tập　　きょう じゅぎょう

N4 重

かさ-なる： 重なる　to pile/overlap　▶ 皿が重なっている　the plates are piled up ＊ đĩa chồng lên nhau
　　　　　かさ　　　trùng nhau, chồng lên nhau　さら

かさ-ねる： 重ねる　to pile/stack (up)　▶ 予定が重なっている　to have a schedule conflict
　　　　　かさ　　　chồng lên, chất lên　よてい　　　dự định/kế hoạch bị trùng nhau

かくにん　重い　　　▶ 机に本を重ねて置く　to pile books on the desk
　　　　おも　　　つくえ ほん かさ お　đặt chồng các quyển lên nhau ở trên bàn

　　　　　　　　　▶ 服を重ねて着る　to wear layers of clothing ＊ mặc nhiều áo chồng lên
　　　　　　　　　　ふく かさ き

書く練習

単 単 複 複 復 復

読みながら書きましょう

単語	単語				
たん ご					
複数	複数				
ふくすう					
復習	復習				
ふくしゅう					

読む問題

❶ 今日習った(1)単語の(2)復習をした。　　(1)＿＿＿＿　(2)＿＿＿＿
　　きょうなら

❷ 彼はお金の(3)計算が(4)全くできない。　　(3)＿＿＿＿　(4)＿＿＿＿
　　かれ　かね

❸ この町で子どもの(5)数が減った理由は(6)複数ある。　(5)＿＿＿＿　(6)＿＿＿＿
　　まち こ　　　へ　りゆう

❹ 学校(7)全体の(8)安全について考える。　(7)＿＿＿＿　(8)＿＿＿＿
　　がっこう　　　　　　かんが

❺ 出席者の(9)人数を(10)数えてください。　(9)＿＿＿＿　(10)＿＿＿＿
　　しゅっせきしゃ

❻ 辞書は机の上に(11)重ねて置いてあります。　　　(11)＿＿＿＿
　　じしょ つくえ うえ　　　お

❼ 私は(12)数字を覚えるのが苦手です。　　　　(12)＿＿＿＿
　　わたし　　　おぼ　　にがて

書く問題

❶ 試験が近いので(1)すうがくを(2)ふくしゅうした。　(1)＿＿＿＿　(2)＿＿＿＿
　　しけん ちか

❷ クラスの(3)ぜんいんにアンケートをとった。　　　(3)＿＿＿＿

❸ カードを(4)かぞえたら、1枚足りなかった。　　　(4)＿＿＿＿
　　　　　　　　　　まい た

❹ (5)たんごテストで50点以下の人が(6)ふくすういる。　(5)＿＿＿＿　(6)＿＿＿＿
　　　　　　　てん い か ひと

6 読み方の復習

学校　School　Trường học

/50

もんだい1 ＿＿のことばはどう読みますか。ひらがなを□に書いてください。 (2点×5)

① (1)授業でいろいろな(2)実験をした。

② (3)地球は丸い。

③ 今学期は(4)歴史の(5)成績がよかった。

(1)	(2)

	(3)

(4)	(5)

もんだい2 ＿＿のことばはどう読みますか。ひらがなを□に書いてください。 (2点×10)

① インフルエンザで(1)卒業式を(2)欠席しました。

② 第1(3)章を読んでください。わからない(4)単語の意味を(5)辞書で調べなさい。

③ 学校の近くの(6)下宿を探しています。

④ 「これはあなたのかさですか。」「いいえ、(7)違います。」

⑤ これは社会(8)全体で考えていかなければならない大切な問題です。

⑥ (9)例を見て次の問題に答えなさい。答えは(10)解答用紙に書きなさい。

(1)	(2)	(3)	(4)	(5)
(6)	(7)	(8)	(9)	(10)

もんだい3 ＿＿のことばはどう読みますか。ひらがなを□に書いてください。 (2点×10)

　私は子どものころ、毎日家の庭で遊んでいました。庭にはいろいろな木や花が(1)植えてありました。私は(2)虫を捕まえたり、祖母といっしょに花を(3)育てたりしていました。木の(4)葉の色が変わったり、(5)草や花が枯れたりすることなど、(6)疑問に思うことがたくさんありました。今では大学で(7)植物の研究ができる(8)学科に進みたいと考えています。でも私は(9)数学が(10)得意じゃありません。これからがんばって実力をつけたいです。

(1)	(2)	(3)	(4)	(5)
(6)	(7)	(8)	(9)	(10)

76

7 書き方の復習

/50

もんだい1 ＿＿＿は漢字とひらがなでどう書きますか。正しいほうをa・bから選んでください。(2点×5)

① (1)じゅぎょう〔a. 受業　b. 授業〕でいろいろな (2)じっけん〔a. 実験　b. 実険〕をした。

② (3)ちきゅう〔a. 地球　b. 地珠〕は丸い。

③ 今学期は(4)れきし〔a. 歴央　b. 歴史〕の(5)せいせき〔a. 成積　b. 成績〕がよかった。

もんだい2 ＿＿＿は漢字とひらがなでどう書きますか。□に書いてください。 (2点×10)

① インフルエンザで(1)そつぎょう式を(2)けっせきしました。

② 第1(3)しょうを読んでください。わからない(4)たんごの意味を(5)じしょで調べなさい。

③ 学校の近くの(6)げしゅくを探しています。

④「これはあなたのかさですか。」「いいえ、(7)ちがいます。」

⑤ これは社会(8)ぜんたいで考えていかなければならない大切な問題です。

⑥ (9)れいを見て次の問題に答えなさい。答えは(10)かいとう用紙に書きなさい。

(1)	(2)	(3)	(4)	(5)
(6)	(7)	(8)	(9)	(10)

もんだい3 ＿＿＿は漢字とひらがなでどう書きますか。□に書いてください。 (2点×10)

　私は子どものころ、毎日家の庭で遊んでいました。庭にはいろいろな木や花が(1)うえてありました。私は(2)むしを捕まえたり、祖母といっしょに花を(3)そだてたりしていました。木の(4)はの色が変わったり、(5)くさや花が枯れたりすることなど、(6)ぎもんに思うことがたくさんありました。今では大学で(7)しょくぶつの研究ができる(8)がっかに進みたいと考えています。でも私は(9)すうがくが(10)とくいじゃありません。これからがんばって実力をつけたいです。

(1)	(2)	(3)	(4)	(5)
(6)	(7)	(8)	(9)	(10)

生活 Life/Living Cuộc sống
せいかつ

1
晴れ

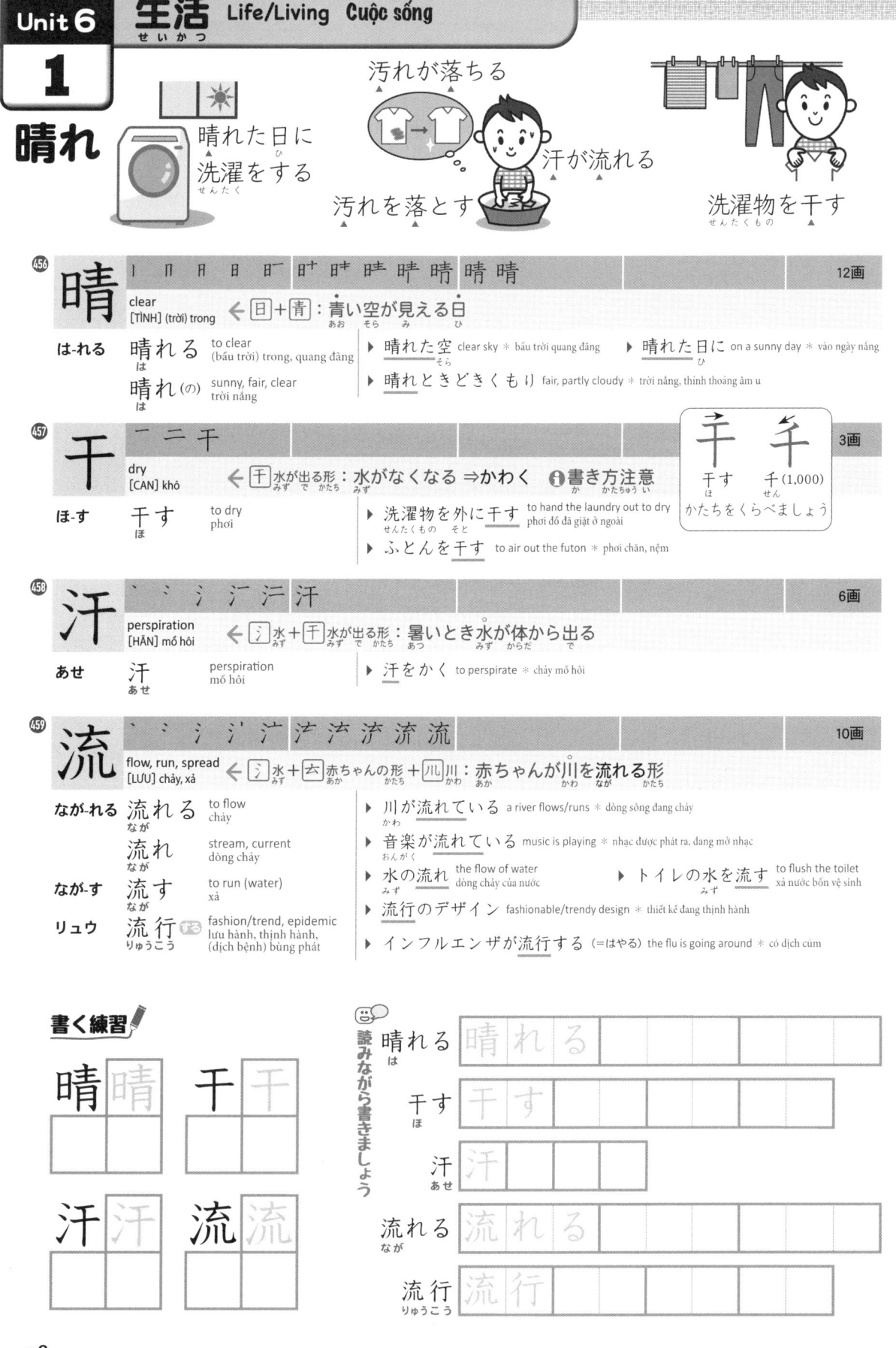

汚れが落ちる

晴れた日に洗濯をする
は　　　　ひ　せんたく

汗が流れる
あせ　なが

汚れを落とす

洗濯物を干す
せんたくもの　ほ

---

456 晴　丨 冂 冂 日 日一 日十 日丰 晴 晴 晴 晴　12画

clear
[TÌNH] (trời) trong
←日+青：青い空が見える日
　　　　あお そら み ひ

は-れる　晴れる to clear (bầu trời) trong, quang đãng
は
　　　　晴れ(の) sunny, fair, clear trời nắng
は

▶ 晴れた空 clear sky ＊ bầu trời quang đãng
　　そら
▶ 晴れた日に on a sunny day ＊ vào ngày nắng
　　　　ひ
▶ 晴れときどきくもり fair, partly cloudy ＊ trời nắng, thỉnh thoảng âm u

---

457 干　一 二 干　3画

dry
[CAN] khô
←干 水が出る形：水がなくなる ⇒かわく ❶書き方注意
　みず で かたち　みず　　　　　　か　　　かたちゅうい

ほ-す　干す to dry phơi
ほ

▶ 洗濯物を外に干す to hand the laundry out to dry phơi đồ đã giặt ở ngoài
　せんたくもの そと ほ
▶ ふとんを干す to air out the futon ＊ phơi chăn, nệm
　　　　ほ

> 干　千
> 干す 千(1,000)
> ほ　せん
> かたちをくらべましょう

---

458 汗　丶 氵 氵 汗 汗 汗　6画

perspiration
[HÃN] mồ hôi
←氵水+干 水が出る形：暑いとき水が体から出る
　みず　みず で かたち　あつ　　みず からだ で

あせ　汗 perspiration mồ hôi
　　あせ

▶ 汗をかく to perspirate ＊ chảy mồ hôi

---

459 流　丶 氵 氵 氵' 汒 浐 洿 浐 流 流　10画

flow, run, spread
[LƯU] chảy, xả
←氵水+六 赤ちゃんの形+川川：赤ちゃんが川を流れる形
　みず　あか　かたち かわ　あか　　かわ なが　かたち

なが-れる　流れる to flow chảy
　　　　なが
　　　　流れ stream, current dòng chảy
　　　　なが
なが-す　流す to run (water) xả
　　　　なが
リュウ　流行する fashion/trend, epidemic
　　　りゅうこう lưu hành, thịnh hành, (dịch bệnh) bùng phát

▶ 川が流れている a river flows/runs ＊ dòng sông đang chảy
　かわ なが
▶ 音楽が流れている music is playing ＊ nhạc được phát ra, đang mở nhạc
　おんがく なが
▶ 水の流れ the flow of water dòng chảy của nước　　▶ トイレの水を流す to flush the toilet xả nước bồn vệ sinh
　みず なが　　　　　　　　　　　　　　　　　　　　　　　　　みず なが
▶ 流行のデザイン fashionable/trendy design ＊ thiết kế đang thịnh hành
　りゅうこう
▶ インフルエンザが流行する (＝はやる) the flu is going around ＊ có dịch cúm

書く練習

晴 晴
　　

干 干
　　

汗 汗
　　

流 流
　　

☺ 読みながら書きましょう

晴れる 晴れる
は

干す 干す
ほ

汗 汗
あせ

流れる 流れる
なが

流行 流行
りゅうこう

⑩ 汚

`丶 亠 氵 汀 汗 汚` 　　6画

dirt
[ô] bẩn

←氵水 + 亐低くなった場所：低くなった場所にたまった汚い水
　　みず　　ひく　　ばしょ　　ひく　　ばしょ　　　　　きたな　みず

きたな-い	汚い	dirty bẩn	▶ 汚い水 dirty water ＊ nước bẩn
よご-れる	汚れる	to become dirty bẩn	▶ 汗で汚れる to get dirty with sweat ＊ bị bẩn do mồ hôi
	汚れ	dirt, stain vết bẩn	▶ シャツに汚れがつく to have the shirt get dirty ＊ vết bẩn dính trên áo sơ mi

⑪ 落

`一 十 艹 艹 艹 艹 艾 艿 茨 茨 落 落` 　　12画

fall/drop, fail
[LẠC] rơi, trượt

←艹草 + 氵水 + 各ばらばら：草や木の葉が水にばらばらに落ちる
　　くさ　　みず　　　　　　くさ　き　は　みず　　　　　お

お-ちる	落ちる	to fall, to come off rơi, thi trượt	▶ 池に落ちる to fall into the pond rơi xuống ao	▶ 試験に落ちる to fail the examination thi rớt
	落ち着く	to calm down giữ bình tĩnh	▶ 汚れが落ちない stain won't come out ＊ vết bẩn không tẩy được	
お-とす	落とす	to drop/lose thả xuống, làm rơi/ làm mất	▶ 落ち着いて話す to speak calmly ＊ bình tĩnh nói chuyện	
			▶ グラスを床に落とす to drop a glass on the floor ＊ làm rơi ly thủy tinh xuống sàn	
			▶ 財布を落とす to lose a wallet ＊ đánh rơi ví	

Unit
6
生活

書く練習

汚 汚 　　落 落

読みながら書きましょう

汚い きたな 　汚い

汚れる よご 　汚れる

落ちる お 　落ちる

落ち着く お っ 　落ち着く

読む問題

❶ (1)晴れているのでふとんを(2)干した。　　(1)＿＿ (2)＿＿

❷ (3)汗をかいた。シャワーを浴びて汗を(4)流そう。　　(3)＿＿ (4)＿＿

❸ 服についた(5)汚れが(6)落ちません。　　(5)＿＿ (6)＿＿

❹ このデザインの靴が今(7)流行しています。　　(7)＿＿

書く問題

❶ パリにはセーヌ川が(1)ながれている。　　(1)＿＿

❷ スマホを(2)きたない水の中に(3)おとしてしまった。　　(2)＿＿ (3)＿＿

❸ 明日の天気は(4)はれだそうです。　　(4)＿＿

❹ (5)よごれた手を洗った。　　(5)＿＿

❺ (6)おちついて私の話を聞いてください。　　(6)＿＿

生活 Life/Living　Cuộc sống

捨てる

ごみを拾う

捨てる

ペットボトルの
ふたは取って
捨ててください。

プラスチック容器

ごみの回収

---

462 拾 `一 十 扌 扌 扚 扲 捨 拾 拾`　9画

pick up
[THẬP] lượm, nhặt

← 扌 手て ＋ 合 集めて合わせる：手で合わせて拾う
あつ あ　　て あ ひろ

ひろ-う 拾う｜to pick up, to find｜lượm, nhặt
ひろ

▶ ごみを拾う to pick up trash ＊ nhặt rác

▶ 道で 500 円玉を拾った。 I found a 500-yen coin on the street.
みち えんだま　　Tôi đã nhặt được đồng xu 500 yên trên đường.

---

463 捨 `一 十 扌 扌 扚 扲 捨 捗 捨 捨`　11画

discard
[SẢ] vứt, bỏ đi

← 扌 手て ＋ 舎（入 土 口）：手で土を捨てる
つち て つち す

す-てる 捨てる｜to discard｜vứt
す

使い捨て(の)｜disposable, single-use｜sử dụng một lần rồi bỏ đi
つか す

▶ 古い雑誌を捨てる to throw out the old magazines ＊ vứt tạp chí cũ
ふる ざっし

▶ 希望を捨てないでください。 Don't give up hope. ＊ Đừng từ bỏ hi vọng.
きぼう

▶ 使い捨ての箸 disposable chopsticks ＊ đũa tiện lợi (chỉ sử dụng một lần)
はし

---

464 収 `丨 丩 収 収`　4画

take in, settle
[THU,THÂU] thu lại, gom lại

← 丩 2本を一つに合わせる ＋ 又 手の形：一つにして中に入れる
ほん ひと て かたち ひと なか い

シュウ 回収 to collect/retrieve｜thu gom, thu lại
かいしゅう

収入｜income｜thu nhập
しゅうにゅう

▶ ごみの回収日 garbage collection day ＊ ngày thu gom rác
び

▶ 解答用紙を回収する to collect answer sheets ＊ thu lại tờ ghi đáp án
かいとうようし

▶ 収入が多い/少ない to have a large/low income ＊ thu nhập cao/thấp
おお すく

---

465 取 `一 丅 丆 匸 耳 耵 取 取`　8画

take
[THỦ] lấy

← 耳 ＋ 又 手の形 ⇒ 手で取る
て かたち て と

と-る 取る｜to take/get/obtain｜lấy
と

▶ 好きなものを取る to take one's choice ＊ lấy cái mình thích
す

▶ その辞書を取ってください。 Will you hand me the dictionary?
じしょ　　Hãy lấy giúp tôi quyển từ điển đó.

書く練習

拾 拾

捨 捨

収 収

取 取

読みながら書きましょう

拾う 拾 う
ひろ

捨てる 捨 て る
す

使い捨て 使 い 捨 て
つか す

回収 回 収
かいしゅう

取る 取 る
と

---

466 容

`、 宀 宀 宀 宀 宀 突 突 容 容`

10画

contain
[DUNG] chứa

← 宀 家 + 谷 valley / thung lũng　∨ : 低い谷のような入れ物 container 　に中身を入れる
いえ　　　　　 たに　　　　　　　い もの　 đồ để đựng　 なか み い

ヨウ　内容　content
　　ないよう　nội dung

▸ レポート／文章／手紙／ニュース／アンケート の 内容
　　　　　ぶんしょう　てがみ

the contents/details of report/writing/letter/news/questionnaire
nội dung của bản báo cáo/đoạn văn/bức thư/bản tin/bảng hỏi

467 器

`丿 口 口 口 口 口 品 品 哭 哭 器 器 器 器 器`

15画

container
[KHÍ] đồ đựng

← 口口口口 + 大犬：神様のために用意した犬のまわりに、容器を並べた形
　 かみさま　　　　　　　 いぬ　　　　　　　 ようき　　 なら かたち

キ　容器　container
　　よう き　đồ đựng, vật chứa
　　楽器　musical instrument
　　がっ き　nhạc cụ
　　食器　tableware, the dishes
　　しょっ き　bát đĩa, dụng cụ ăn uống

▸ 使い捨て容器 disposable container ＊ đồ đựng tiện lợi (chỉ sử dụng một lần)
　つか す

▸ プラスチック容器に入れる to put ... into a plastic container ＊ cho vào đồ đựng bằng nhựa
　　　　　　　　　　い

▸ 楽器を演奏する to play a musical instrument ＊ biểu diễn nhạc cụ
　　えんそう

▸ テーブルの食器をかたづける to clear away the dishes on the table
　　　　　　　　　　　　　　dọn dẹp bát đĩa ở trên bàn

Unit 6 生活

書く練習 ✏

容 容　　器 器

😊 読みながら書きましょう

内容　内 容
ないよう

容器　容 器
よう き

楽器　楽 器
がっ き

食器　食 器
しょっ き

読む問題 📖

❶ 道で (1)拾ったさいふを交番に持っていった。　　　　　　　　(1)＿＿＿＿
　みち　　　　　　　 こうばん　 も

❷ プラスチック (2)容器はきれいに洗って、
　　　　　　　　　　　　　 あら
　リサイクル※ごみの (3)回収日に出してください。(2)＿＿＿＿　(3)＿＿＿＿
　　　　　　　　　　 び だ
　※ リサイクルする to recycle ＊ tái chế

❸ どちらか好きなほうを (4)取ってください。　　　　　　　　(4)＿＿＿＿
　　　　　す

❹ 最後まで希望を (5)捨ててはいけません。　　　　　　　　 (5)＿＿＿＿
　さい ご　 きぼう

❺ 今月は (6)収入が少ないので、遊びに行けません。　　　　(6)＿＿＿＿
　こんげつ　　すく　　　　　あそ い

書く問題 ✍

❶ 私は (1)がっきの演奏ができません。　　　　　　　　　　(1)＿＿＿＿
　わたし　　　　　えんそう

❷ これからアンケート用紙を (2)かいしゅうします。　　　　(2)＿＿＿＿
　　　　　　　　　 よう し

❸ (3)つかいすての (4)しょっきをやめて
　再利用できるものにした。　　　　　　　　(3)＿＿＿＿＿　(4)＿＿＿＿
　さい り よう

❹ しょうゆを (5)とってください。　　　　　　　　　　　　(5)＿＿＿＿

❺ この手紙の (6)ないようは秘密です。だれにも教えません。(6)＿＿＿＿
　　てがみ　　　　　　　 ひみつ　　　　　おし

81

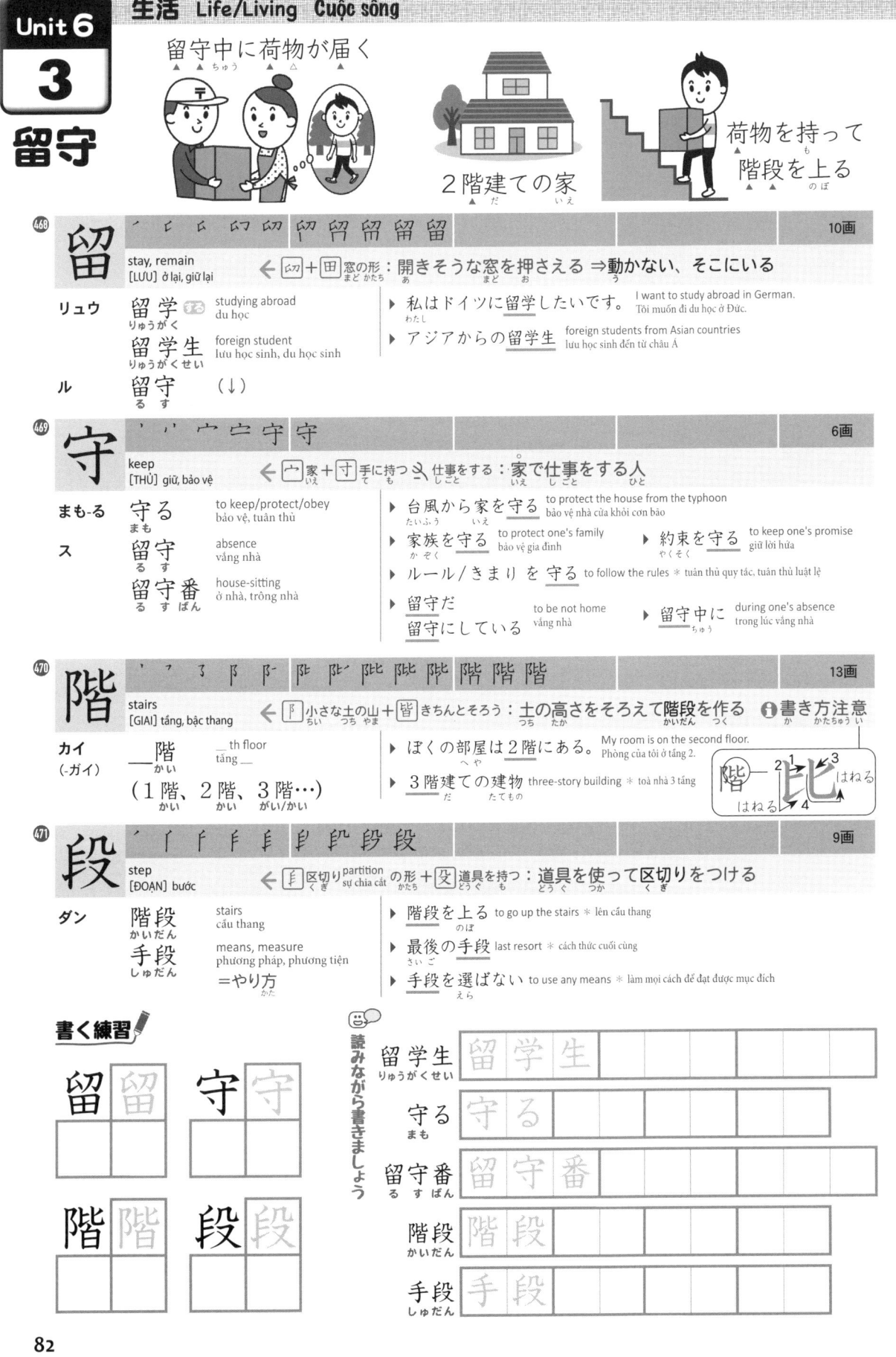

留守中に荷物が届く

2階建ての家

荷物を持って階段を上る

---

468 留

´ ⼧ ⼧ ⼧⼧ ⼧⼧ 叼 叼 留 留 留　　10画

stay, remain
[LƯU] ở lại, giữ lại

←叼+田 窓の形：開きそうな窓を押さえる ⇒動かない、そこにいる

リュウ
留学する studying abroad / du học
りゅうがく

留学生 foreign student / lưu học sinh, du học sinh
りゅうがくせい

ル
留守 （↓）
る　す

▶ 私はドイツに留学したいです。 I want to study abroad in German. Tôi muốn đi du học ở Đức.
わたし

▶ アジアからの留学生 foreign students from Asian countries lưu học sinh đến từ châu Á

---

469 守

´ ⼧ ⼧ ⼧ 守 守　　6画

keep
[THỦ] giữ, bảo vệ

←宀 家+寸 手に持つ 仕事をする：家で仕事をする人
　　 いえ　　 て も　　 しごと　 　いえ しごと ひと

まも-る
守る to keep/protect/obey / bảo vệ, tuân thủ
まも

ス
留守 absence / vắng nhà
る　す

留守番 house-sitting / ở nhà, trông nhà
る　す　ばん

▶ 台風から家を守る to protect the house from the typhoon bảo vệ nhà của khỏi cơn bão
たいふう　 いえ まも

▶ 家族を守る to protect one's family / bảo vệ gia đình
か ぞく まも

▶ ルール/きまり を守る to follow the rules ※ tuân thủ quy tắc, tuân thủ luật lệ
まも

▶ 約束を守る to keep one's promise / giữ lời hứa
やくそく まも

▶ 留守だ to be not home / vắng nhà
る　す

留守にしている vắng nhà
る　す

▶ 留守中に during one's absence / trong lúc vắng nhà
る　す ちゅう

---

470 階

´ ⼂ ⼅ ⼅ ⼅ ⼅⼂ ⼅⼂ ⼅比 階 階 階　　13画

stairs
[GIAI] tầng, bậc thang

←⼅ 小さな土の山+皆 きちんとそろう：土の高さをそろえて階段を作る　❶書き方注意
　　　 ちい つち やま　　　 　　　 つち たか　 　 かいだん つく　　 か かた ちゅう い

カイ
(-ガイ)
＿＿階 ＿＿th floor / tầng＿＿
かい

（1階、2階、3階…）
かい かい がい/かい

▶ ぼくの部屋は2階にある。 My room is on the second floor. Phòng của tôi ở tầng 2.
へ や

▶ 3階建ての建物 three-story building ※ tòa nhà 3 tầng
だ たてもの

階 比 ←はねる／はねる
1 2 3 4

---

471 段

´ ⼂ ⼓ ⼓ ⼓ ⼓ ⼓ 段 段　　9画

step
[ĐOẠN] bước

←⼓ 区切り partition の形+⼂ 道具を持つ：道具を使って区切りをつける
　　 く ぎ sự chia cắt かたち どうぐ も　 どうぐ つか く ぎ

ダン
階段 stairs / cầu thang
かいだん

手段 means, measure / phương pháp, phương tiện
しゅだん

＝やり方
かた

▶ 階段を上る to go up the stairs ※ lên cầu thang
のぼ

▶ 最後の手段 last resort ※ cách thức cuối cùng
さい ご しゅだん

▶ 手段を選ばない to use any means ※ làm mọi cách để đạt được mục đích
しゅだん えら

書く練習 ✏️

留 [留]　守 [守]

階 [階]　段 [段]

😀
読みながら書きましょう

留学生 [留学生]
りゅうがくせい

守る [守る]
まも

留守番 [留守番]
る　す　ばん

階段 [階段]
かいだん

手段 [手段]
しゅだん

472 荷

一十艹艹艿芢苻荷荷荷 — 10画

load, burden
[HÀ] hành lý

←艹＋何：荷物の中身は何？
にもつ　なかみ　なに

| に | 荷物
にもつ | baggage
hành lý | ▶ 車に荷物を運ぶ to carry a package to a car ＊ chuyển hành lí lên xe
くるま　　はこ |

N4 物　モツ：作物 farm products
さくもつ　cây hoa màu, cây nông nghiệp

かくにん 買い物する、乗り物、品物、建物、着物、物語、動物、見物する
か もの　　の もの　しなもの　たてもの　き もの　ものがたり　どうぶつ　けんぶつ

473 届

一コマ尸尸后届届届 — 8画

deliver
[GIỚI] chuyển tới

←尸 人の体の形 ＋ 由 荷物の形
ひと からだ かたち　　　にもつ かたち

| とど-く | 届く
とど | to arrive/reach
đến, được chuyển đến | ▶ メールが届く to receive an e-mail ＊ nhận được email |
| とど-ける | 届ける
とど | to deliver, to notify/report
chuyển đến, gửi đến | ▶ 子どもの手が届かない場所 a place out of chidren's reach
こ　て　　とど　　ばしょ　nơi mà bọn trẻ không với tới được |
| | 届
とどけ | notice, report
đơn, giấy đăng ký, thông báo | ▶ 品物を届ける to deliver goods ＊ gửi hàng hoá đến
しなもの |
| | | | ▶ 欠席届を出す to submit a report of absence ＊ gửi đơn xin vắng mặt
けっせき　　だ |

書く練習

荷　届

読みながら書きましょう

荷物 / 届く / 届ける

読む問題

❶ 今日は親が出かけるので(1)留守番をしなければならない。　(1)_____
きょう　おや　で

❷ 授業を休んだときは、欠席(2)届を出してください。　(2)_____
じゅぎょう　やす　　けっせき　だ

❸ (3)荷物を持って(4)階段を降りた。　(3)_____ (4)_____
も　　　お

❹ 地震から家を(5)守るにはどうすればいいでしょう。　(5)_____
じしん　いえ

❺ 畑でとれた(6)作物を祖母に(7)届けた。　(6)_____ (7)_____
はたけ　　　そぼ

❻ (8)留学生にベトナム料理を教えてもらった。　(8)_____
りょうり　おし

書く問題

❶ 勝つための(1)しゅだんは選びません。　(1)_____
か　　　えら

❷ 田舎の母から(2)にもつが(3)とどいた。　(2)_____ (3)_____
いなか　はは

❸ 今、兄は旅行で(4)るすにしています。　(4)_____
いま　あに　りょこう

❹ 弟の部屋は2(5)かいにあります。　(5)_____
おとうと　へや

❺ 妹は来年中国に(6)りゅうがくする予定です。　(6)_____
いもうと　らいねんちゅうごく　　よてい

❻ 電車に乗るときはマナー※を(7)まもりましょう。　(7)_____
でんしゃ　の

※マナー manners ＊ phép ứng xử

83

4
郵便

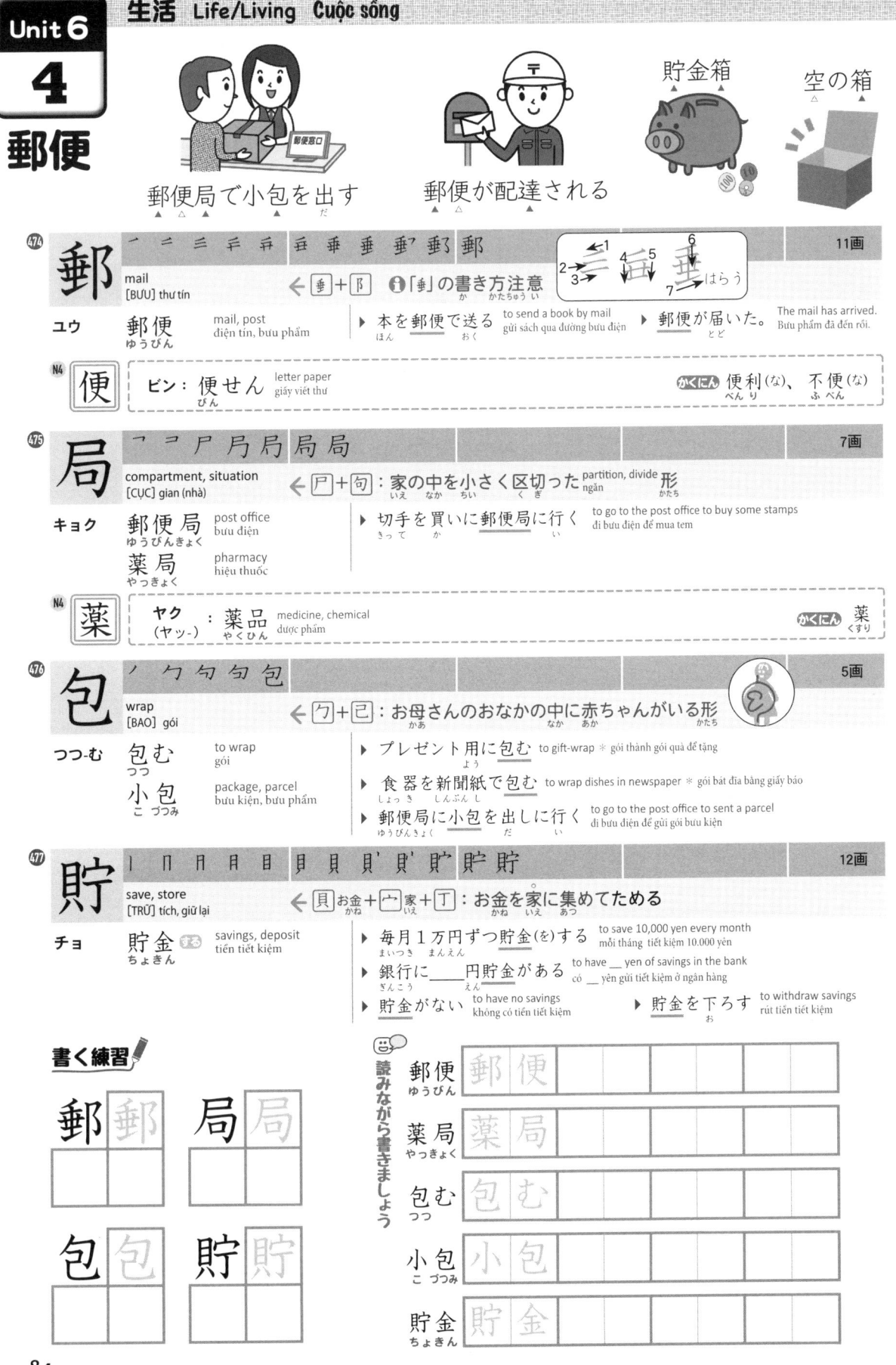

貯金箱
空の箱

郵便局で小包を出す　　郵便が配達される

---

474 郵 mail [BƯU] thư tín
一 二 三 手 手 垂 垂 垂 郵 郵　　11画

← 垂 + 阝　❶「垂」の書き方注意
かきかたちゅうい

ユウ　郵便
ゆうびん　mail, post
điện tín, bưu phẩm

▶ 本を郵便で送る
ほん　　　おく
to send a book by mail
gửi sách qua đường bưu điện

▶ 郵便が届いた。
とど
The mail has arrived.
Bưu phẩm đã đến rồi.

N4 便
ビン：便せん
びん
letter paper
giấy viết thư

かくにん　便利（な）、不便（な）
べん り　　ふ べん

---

475 局 compartment, situation [CỤC] gian (nhà)
コ ヨ ア 月 局 局 局　　7画

← 尸 + 句：家の中を小さく区切った partition, divide 形
いえ なか ちい く ぎ ngăn かたち

キョク　郵便局
ゆうびんきょく　post office
bưu điện

薬局
やっきょく　pharmacy
hiệu thuốc

▶ 切手を買いに郵便局に行く
きって か ゆうびんきょく い
to go to the post office to buy some stamps
đi bưu điện để mua tem

N4 薬
ヤク：薬品
（ヤッ-）やくひん
medicine, chemical
dược phẩm

かくにん 薬
くすり

---

476 包 wrap [BAO] gói
ノ ク 勹 匀 包　　5画

← 勹 + 巳：お母さんのおなかの中に赤ちゃんがいる形
かあ なか あか かたち

つつ-む　包む
つつ　to wrap
gói

小包
こづつみ　package, parcel
bưu kiện, bưu phẩm

▶ プレゼント用に包む to gift-wrap ※ gói thành gói quà để tặng

▶ 食器を新聞紙で包む to wrap dishes in newspaper ※ gói bát đĩa bằng giấy báo
しょっき しんぶんし

▶ 郵便局に小包を出しに行く
ゆうびんきょく こづつみ だ い
to go to the post office to sent a parcel
đi bưu điện để gửi gói bưu kiện

---

477 貯 save, store [TRỮ] tích, giữ lại
l 冂 冊 冊 貝 貝 貝' 貝' 貯 貯　　12画

← 貝 お金 + 宀 家 + 丁：お金を家に集めてためる
かね いえ あつ　かね いえ あつ

チョ　貯金 する
ちょきん　savings, deposit
tiền tiết kiệm

▶ 毎月1万円ずつ貯金（を）する
まいつき まんえん
to save 10,000 yen every month
mỗi tháng tiết kiệm 10.000 yên

▶ 銀行に＿＿＿円貯金がある
ぎんこう えん
to have __ yen of savings in the bank
có __ yên gửi tiết kiệm ở ngân hàng

▶ 貯金がない to have no savings
không có tiền tiết kiệm

▶ 貯金を下ろす to withdraw savings
お
rút tiền tiết kiệm

書く練習

郵　局
包　貯

読みながら書きましょう

郵便
ゆうびん

薬局
やっきょく

包む
つつ

小包
こづつみ

貯金
ちょきん

478 達

一 十 土 キ キ 幸 幸 幸 章 幸 達 達　　12画

reach, achieve
[ĐẠT] đạt được, giành được

← 辶 進む + 土 + 羊 羊 sheep con cừu ：羊が土の上を元気に進む ⇒ 行き着く

タツ

配達 N5
はいたつ
delivery
sự chuyển phát

▶ 郵便を配達する to deliver mail ＊ chuyển phát bưu phẩm

速達
そくたつ
express delivery, express mail
chuyển phát nhanh

▶ 新聞配達 newspaper delivery phát báo ▶ 再配達 redelivery chuyển phát lại
しんぶん　　　　　　　　　　　　　　　　　　　さい

ともだち

友達
ともだち
friend
bạn, bạn bè

▶ 手紙を速達で送る to send a letter by express ＊ gửi thư bằng chuyển phát nhanh
てがみ　　　　　　おく

479 箱

丿 ﾉ ケ ケ 竺 竺 竺 竽 笋 笋 箱 箱 箱 箱 箱　　15画

box
[TƯƠNG,SƯƠNG] hộp

← ⺮ 竹 bamboo cây tre + 木 + 目 ：(昔は)竹や木で作った入れ物 container đồ để đựng
たけ　　　　　　　　　　　　むかし　たけ　き　つく　い もの

はこ

箱
はこ
box
cái hộp

▶ 空の箱 empty box ＊ hộp rỗng
から

(-ばこ)

ごみ箱
ばこ
trash can
thùng rác

▶ ごみをごみ箱に捨てる to put the garbage in the trash can vứt rác vào thùng rác
す

貯金箱
ちょきんばこ
savings box, piggy bank
ống bỏ tiền tiết kiệm

▶ 貯金箱にお金をためる to save money in a savings box bỏ ống tiết kiệm tiền
かね

N5 空

から： 空(の) empty trống, rỗng
から

かくにん 青い空、 空気、 空港
あお そら　くう き　くうこう

Unit
6
生活

書く練習

達 達　　箱 箱

読みながら書きましょう

配達 はいたつ	配	達					
友達 ともだち	友	達					
箱 はこ	箱						
貯金箱 ちょきんばこ	貯	金	箱				

読む問題

❶ この近くに(1)薬局はありますか。
　　　ちか
(1)＿＿＿＿＿＿

❷ この(2)箱の中身は(3)空です。
　　　　　なか み
(2)＿＿＿＿ (3)＿＿＿＿

❸ (4)友達に(5)小包を送った。
　　　　　　　　おく
(4)＿＿＿＿ (5)＿＿＿＿

❹ (6)貯金はどのくらいありますか。
(6)＿＿＿＿

❺ (7)速達で(8)郵便が届いた。
　　　　　　　　　とど
(7)＿＿＿＿ (8)＿＿＿＿

書く問題

❶ 弟は、朝、新聞(1)はいたつのアルバイトをしています。
　おとうと　あさ　しんぶん
(1)＿＿＿＿

❷ 食べ終わったガムは紙に(2)つつんで ごみ(3)ばこに
　た　お　　　　　　　かみ
捨てましょう。
す
(2)＿＿＿＿ (3)＿＿＿＿

❸ (4)ゆうびんきょくで(5)ちょきんを下ろした。
　　　　　　　　　　　　　　　　お
(4)＿＿＿＿ (5)＿＿＿＿

支払う

生活 Life/Living Cuộc sống

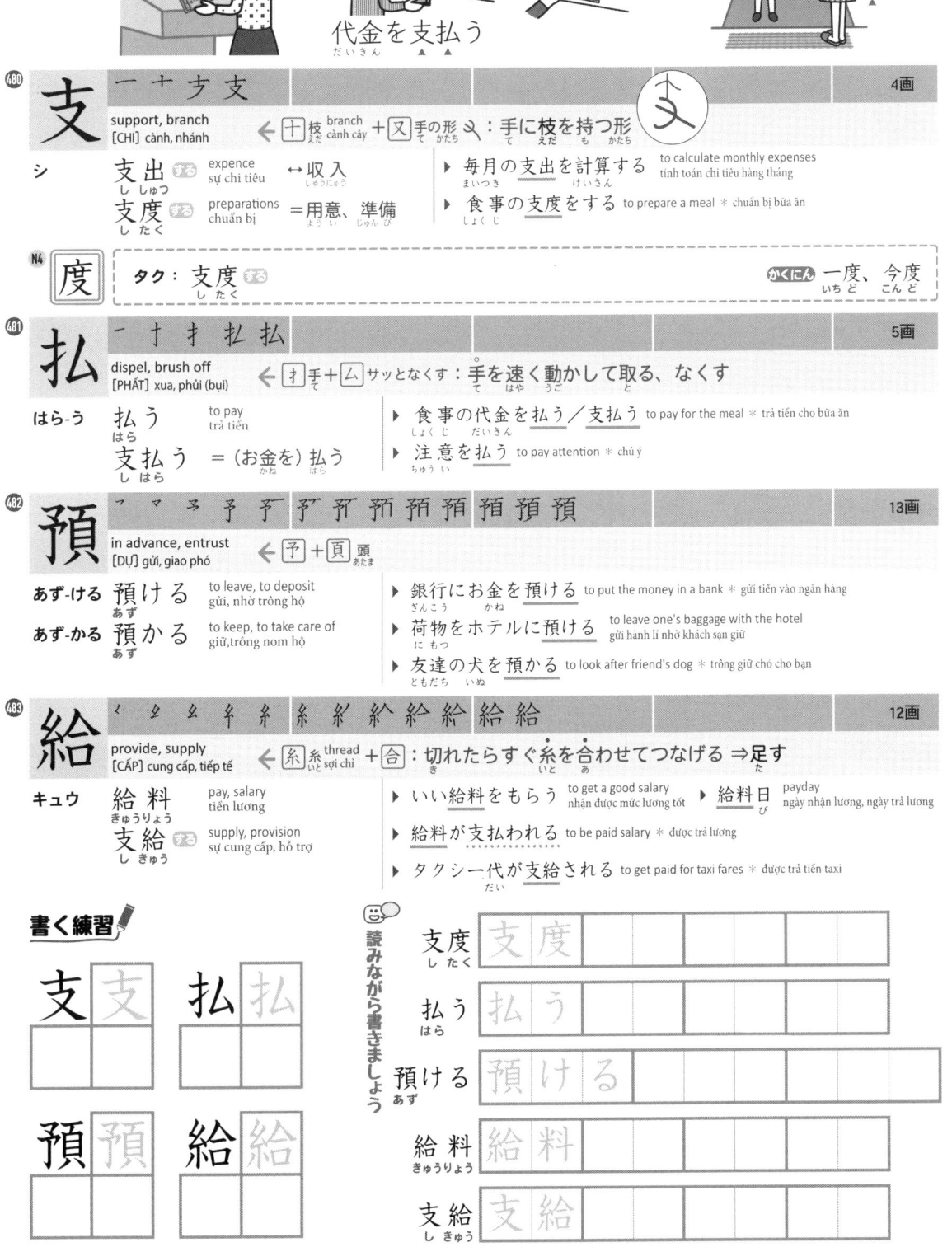

給料を下ろす

両替する

ペットを預ける

代金を支払う

ペットを預かる

---

480 支 一 十 ナ 支   4画

support, branch
[CHI] cành, nhánh

← 十 枝 branch えだ cành cây + 又 手の形 て かたち ：手に枝を持つ形 て えだ も かたち

シ

支出 する し しゅつ expence 事の支出 ↔ 収入 しゅうにゅう ▶ 毎月の支出を計算する to calculate monthly expenses まいつき けいさん tính toán chi tiêu hàng tháng

支度 する し たく preparations chuẩn bị ＝用意、準備 よう い じゅん び ▶ 食事の支度をする to prepare a meal ＊ chuẩn bị bữa ăn しょく じ

N4 度 タク：支度 する した く   かくにん 一度、今度 いち ど こん ど

---

481 払 一 ナ 扌 払 払   5画

dispel, brush off
[PHẤT] xua, phủi (bụi)

← 扌 手 て + ム サッとなくす：手を速く動かして取る、なくす て はや うご と

はら-う

払う はら to pay trả tiền ▶ 食事の代金を払う／支払う to pay for the meal ＊ trả tiền cho bữa ăn しょく じ だいきん

支払う し はら ＝（お金を）払う かね はら ▶ 注意を払う to pay attention ＊ chú ý ちゅう い

---

482 預 フ マ ヌ 予 予 予 予 預 預 預 預 預   13画

in advance, entrust
[DỰ] gửi, giao phó

← 予 + 頁 頭 あたま

あず-ける

預ける あず to leave, to deposit gửi, nhờ trông hộ ▶ 銀行にお金を預ける to put the money in a bank ＊ gửi tiền vào ngân hàng ぎんこう かね

あず-かる

預かる あず to keep, to take care of giữ, trông nom hộ ▶ 荷物をホテルに預ける to leave one's baggage with the hotel に もつ gửi hành lí nhờ khách sạn giữ

▶ 友達の犬を預かる to look after friend's dog ＊ trông giữ chó cho bạn ともだち いぬ

---

483 給 く ㄠ 幺 幺 糸 糸 糸 約 給 給 給 給   12画

provide, supply
[CẤP] cung cấp, tiếp tế

← 糸 糸 thread いと sợi chỉ + 合：切れたらすぐ糸を合わせてつなげる ⇒ 足す あ いと あ た

キュウ

給料 きゅうりょう pay, salary tiền lương ▶ いい給料をもらう to get a good salary nhận được mức lương tốt ▶ 給料日 び payday ngày nhận lương, ngày trả lương

支給 する し きゅう supply, provision sự cung cấp, hỗ trợ ▶ 給料が支払われる to be paid salary ＊ được trả lương

▶ タクシー代が支給される to get paid for taxi fares ＊ được trả tiền taxi だい

書く練習

支 支

払 払

預 預

給 給

読みながら書きましょう

支度 した く ｜ 支 度

払う はら ｜ 払 う

預ける あず ｜ 預 け る

給料 きゅうりょう ｜ 給 料

支給 し きゅう ｜ 支 給

484 両

一 厂 厃 両 両 両

two
[LƯỢNG] hai

← はかり balance scale đĩa cân の、2つの重さが合っている形
おも　あ　　　　　かたち

6画

| リョウ | 両方
りょうほう | both
hai bên | ▶ AとB、両方とも好きだ。 I like both A and B. ＊ Tôi thích cả A và B. |
| | 両親
りょうしん | parents
bố mẹ | ▶ 両親に写真を送った。 I sent photos to my parents. ＊ Tôi đã gửi ảnh cho bố mẹ.
しゃしん　おく |

485 替

一 二 夫 夫 夫 夫 夫 夫 桛 桛 替 替

change, switch
[THẾ] đổi, thay

← 夫 夫 大人の男の人 ＋ 日：男の人たちが日ごとに仕事を替わる
おとな おとこ ひと　　　　　　おとこ ひと　　ひ　　　しごと　か

12画

か-わる	替わる か	to change/switch được trao đổi	▶ 席を替わる to change the seats ＊ đổi chỗ ngồi せき
か-える	替える か	to change/exchange đổi, thay thế	▶ 電球を替える to change light bulb ＊ thay bóng đèn でんきゅう
	取り替える と　　か	to change/replace đổi, thay thế	▶ 汚れた水を取り替える to replacing dirty water with clean one ＊ thay nước bẩn よご　　みず　と　か
	買い替える か　　か	to replace/renew mua mới, thay mới	▶ パソコンを買い替える to renew a personal computer ＊ mua mới máy tính xách tay か　か
(-が-える)	着替える き　が	to change (one's) clothes thay quần áo	▶ 水着に着替える to change into a swimsuit ＊ thay sang đồ bơi みず ぎ　き が
	両替 する りょうがえ	currency exchange đổi tiền	▶ 円をユーロに両替できますか。 Can I change yen into euros? えん Tôi có thể đổi tiền Yên sang Euro được không?

Unit
6
生活

書く練習 ✏️

両 両　　替 替

読みながら書きましょう 💬

両方 りょうほう	両 方
両親 りょうしん	両 親
替わる か	替 わ る
着替える き が	着 替 え る
両替 りょうがえ	両 替

読む問題 📖

❶ 子どもを (1)両親に (2)預けて買い物に行く。
こ　　　　　　　　　か　もの　い

(1)_____ (2)_____

❷ 学校に行く (3)支度をする。
がっこう　い

(3)_____

❸ (4)給料が出たら、自転車を買い (5)替えたい。
で　　　じてんしゃ　か

(4)_____ (5)_____

❹ 間違いのないよう、注意を (6)払っている。
まちが　　　　　　　ちゅうい

(6)_____

❺ アルバイトには弁当が (7)支給される。
べんとう

(7)_____

❻ 今月は収入より (8)支出のほうが多い。
こんげつ　しゅうにゅう　　　　　　　　　おお

(8)_____

❼ 目覚まし時計が止まっていたので電池を取り (9)替えた。
めざ　　どけい　と　　　　　　　でんち　と

(9)_____

書く問題 ✏️

❶ 1万円札を千円札 10枚に (1)りょうがえしてくれませんか。
まんえんさつ　せんえんさつ　　まい

(1)_____

❷ 社員に (2)きゅうりょうを (3)しはらう。
しゃいん

(2)_____ (3)_____

❸ 友達から手紙を (4)あずかっています。
ともだち　てがみ

(4)_____

❹ すみません、席を (5)かわってもらえませんか。
せき

(5)_____

6 読み方の復習

/50

もんだい1　＿＿のことばはどう読みますか。ひらがなを□に書いてください。　(2点×6)

① 道に(1)落ちていたごみを(2)拾って、ごみ入れに(3)捨てた。

(1)	(2)	(3)

② 今日は燃やせないごみの(4)回収日です。

(4)

③ (5)給料が出たので、電気代を(6)払った。

(5)	(6)

もんだい2　＿＿のことばはどう読みますか。ひらがなを□に書いてください。　(2点×7)

① (1)貯金箱の中は(2)空でした。

② A 「急いで出かける(3)支度をしなくっちゃ。ねえ、そこに(4)干してある服、(5)取って。」

　 B 「これ？　なんだか派手だ※ね。」　※派手な showy, loud ＊ màu mè, sặc sỡ

　 A 「そう？　今年(6)流行してるんだよ。」

③ ドルを円に(7)両替した。

(1)	(2)	(3)	(4)
(5)	(6)	(7)	

もんだい3　＿＿のことばはどう読みますか。ひらがなを□に書いてください。　(2点×12)

　先週から雨が続いていたが、今日は朝から(1)晴れた。天気がいいので、散歩に出かけた。神社の長い(2)階段を上がると、(3)汗をかいた。いい運動になった。

　家に帰ると、母が「これ、(4)留守中に(5)小包が(6)届いたから、(7)預かったよ。」と(8)荷物を渡してくれた。(9)友達が(10)郵便で何か送ってくれたようだ。「何だろう？」　開けてみると、カエルの人形とメッセージだった。メッセージの(11)内容はかんたんだった。「このカエルは(12)楽器だよ。誕生日おめでとう」。そうだ。今日は21回目の誕生日だった。天気と友達のおかげで、とてもいい誕生日になった。

(1)	(2)	(3)	(4)
(5)	(6)	(7)	(8)
(9)	(10)	(11)	(12)

7 書き方の復習

/50

もんだい1 ＿＿＿は漢字とひらがなでどう書きますか。正しいほうをa・bから選んでください。(2点×6)

① 道に(1)おちて{a.落ちて　b.蕗ちて}いたごみを(2)ひろって{a.拾って　b.捨って}、

　ごみ入れに(3)すてた{a.拾てた　b.捨てた}。

② 今日は燃やせないごみの(4)かいしゅう{a.回取　b.回収}日です。

③ (5)きゅうりょう{a.給料　b.絵料}が出たので、電気代を(6)はらった{a.払った　b.仏った}。

もんだい2 ＿＿＿は漢字とひらがなでどう書きますか。□に書いてください。 (2点×7)

① (1)ちょきんばこの中は(2)からでした。

② A 「急いで出かける(3)したくをしなくっちゃ。ねえ、そこに(4)ほしてある服、(5)とって。」
　 B 「これ？　なんだか派手だね。」
　 A 「そう？　今年(6)りゅうこうしてるんだよ。」

③ ドルを円に(7)りょうがえした。

(1)	(2)	(3)	(4)
(5)	(6)	(7)	

もんだい3 ＿＿＿は漢字とひらがなでどう書きますか。□に書いてください。 (2点×12)

　先週から雨が続いていたが、今日は朝から(1)はれた。天気がいいので、散歩に出かけた。神社の長い(2)かいだんを上がると、(3)あせをかいた。いい運動になった。

　家に帰ると、母が「これ、(4)るす中に(5)こづつみが(6)とどいたから、(7)あずかったよ。」と(8)にもつを渡してくれた。(9)ともだちが(10)ゆうびんで何か送ってくれたようだ。「何だろう？」　開けてみると、カエルの人形とメッセージだった。メッセージの(11)ないようはかんたんだった。「このカエルは(12)がっきだよ。誕生日おめでとう」。そうだ。今日は21回目の誕生日だった。天気とともだちのおかげで、とてもいい誕生日になった。

(1)	(2)	(3)	(4)
(5)	(6)	(7)	(8)
(9)	(10)	(11)	(12)

1

種類
しゅるい

商品の種類が多い
しょうひん▲ ▲ ▲おお

世界各国のおかしを
せかい▲
売っている
う

量が少ない
すく

中身が無い
なかみ

---

❻486 **商** 　ﾟ 亠 产 产 产 产 产 产 商 商　11画

deal, trade
[THƯƠNG] buôn bán　← 店のような形
みせ かたち

ショウ

商品　merchandise, goods
しょうひん　hàng hoá
商業　commerce
しょうぎょう　thương nghiệp
商売 する　business, trade
しょうばい　kinh doanh, buôn bán

▶ 人気の商品 hot-selling item ＊ hàng hoá được ưa chuộng
にんき

▶ 商業が盛んな町 lively commercial town ＊ thành phố có ngành thương nghiệp phát triển
さか まち

▶ 商売を始める to start a business ＊ bắt đầu kinh doanh, buôn bán
はじ

N4 **売** バイ：発売 する release, on-sale 、売店 newsstand, stall, kiosk　かくにん 売る、売り場
はつばい bán ra　ばいてん càng-tin, quầy bán hàng　う うば

---

❼487 **各** 　ﾉ ク ク 久 各 各　6画

each
[CÁC] các, mỗi　← 夂足＋口石：石がじゃまで足が1回ずつ止まる形
あし いし いし あし かい と かたち

カク

各地　every/each place
かくち　các/mỗi thành phố, địa phương
各国　every/each country
かっこく　các/mỗi nước
（カッ-）

▶ 全国各地 all over the country ＊ các/mỗi địa phương trên cả nước
ぜんこく

▶ 世界各国 all over the world ＊ các nước trên thế giới
せかい

---

❽488 **類** 　ﾟ ﾟ ﾟ ヽ ﾆ 米 米 米 类 类 类 类 類 類 類 類 類 類　18画

a kind, type
[LOẠI] loại, kiểu　← 米＋大犬＋頁頭：たくさんの米や犬を、同じようなものを集めて分ける
こめ いぬ あたま こめ いぬ おな あつ わ

ルイ

書類　document
しょるい　tài liệu
分類 する　classification, grouping
ぶんるい　phân loại

▶ 書類を分類する to classify the documents ＊ phân loại tài liệu

▶ 3つのタイプに分類する to group/divide ... into 3 types ＊ phân thành 3 loại

---

❾489 **種** 　ﾉ 二 千 壬 禾 禾 种 种 秆 秆 稲 種 種 種　14画

seed, cause
[CHỦNG] hạt　← 禾イネ rice plant ＋重：イネの重い部分── ⇒種 seeds
lúa おも ぶぶん hạt giống

たね

種　seed, origin
たね　hạt giống
シュ
種類　kind, sort
しゅるい　giống, chủng loại

▶ 野菜の種をまく to plant vegetable seeds ＊ gieo hạt trồng rau
やさい

▶ 種類別に分ける＝分類する to sort something by type ＊ phân theo chủng loại
べつ わ

▶ さまざまな種類の魚 various kinds of fish ＊ nhiều loại cá khác nhau
さかな

N4 **分** わ-ける：分ける to divide/share 　かくにん 自分、気分、水分、＿時＿分
わ chia ra, phân ra　じぶん きぶん すいぶん じ ふん/ぶん

書く練習✏

商 | 各

類 | 種

読みながら書きましょう

商品 | 商 品
しょうひん

各地 | 各 地
かくち

書類 | 書 類
しょるい

種 | 種
たね

種類 | 種 類
しゅるい

490 量 ＼ 口 曰 旦 旦 昌 昌 昌 昌 量 量 量　12画

weigh, quantity
[LƯỢNG] cân, đo

←日＋一＋里：はかり scale / cái cân の形 かたち

はか-る　量る　to weigh
　　　はか　cân, đo

リョウ　量　amount, quantity
　　　りょう　số lượng

　　___ 量 ＝ ___の / ___ する 量
　　　りょう　　　　　　　りょう

　大量　large quantity
　たいりょう　số lượng lớn

▶ 小包の重さを量る to weigh a package ＊ đo cân nặng của gói bưu kiện
　こづみ　おも

▶ 仕事(の)量 workload ＊ số lượng công việc
　しごと

▶ 生産(する)量 amount of production
　せいさん　sản lượng

▶ 大量のごみが出る a large amount of garbage is produced ＊ thải ra lượng rác lớn
　　　　　　で

▶ 大量に生産される to be mass-produced ＊ được sản xuất với số lượng lớn
　　　　せいさん

491 無 ノ 广 仁 仨 仨 鉦 鉦 鉦 鉦 無 無 無　12画

nil, naught
[VÔ] không, không có

←广＋一＋川＋一＋灬：踊る女の人たちの形
　　　　　　　　　　おど おんな ひと　かたち

❶「丨」が4本、「丶」も4つ　ほん　よっ

な-い　無い　do not exist/have
　　　な　không có

ム　無理(な)　impossible, unreasonable
　　むり　quá sức, không thể

▶ 時間が無い there is no time
　じかん　な　không có thời gian

▶ 不安が無くなる the anxiety is vanished
　ふあん　な　hết cảm giác bất an

▶ 無理なお願いをする to ask for the impossible ＊ nhờ vả một việc rất khó thực hiện
　むり　ねが

▶ 無理はするな。 Take it easy. ＊ Đừng ráng quá./Đừng làm quá sức.
　むり

Unit **7** 買い物

書く練習

量　量　無　無

読みながら書きましょう

量る　量る
はか

大量　大量
たいりょう

無い　無い
な

無理　無理
むり

読む問題

❶ この町は(1)商業が盛んです。
　まち　　しょうぎょう　さか
(1)_____

❷ このレストランでは世界(2)各国の料理が食べられる。
　せかい　かっこく　りょうり　た
(2)_____

❸ 熱があるなら(3)無理をしないで帰ったほうがいいですよ。
　ねつ　　むり　　かえ
(3)_____

❹ ここにある(4)書類を月別に(5)分けて、引き出しに
　しょるい　つきべつ　わ　ひ　だ
しまってください。
(4)_____ (5)_____

❺ 米の(6)量を(7)量ってください。
　こめ　りょう　はか
(6)_____ (7)_____

❻ 本を(8)分類して本だなに並べた。
　ほん　ぶんるい　　なら
(8)_____

❼ 畑にキャベツの(9)種をまいた。
　はたけ　たね
(9)_____

❽ 彼の(10)商売はうまくいっているようだ。
　かれ　しょうばい
(10)_____

書く問題

❶ 工場の生産(1)りょうを今より多くするのは(2)むりだ。
　こうじょう せいさん　いま　おお
(1)_____ (2)_____

❷ このイベントは全国(3)かくちで行われます。
　ぜんこく　おこな
(3)_____

❸ この(4)しょうひんは、他の店には(5)ない。
　ほか　みせ
(4)_____ (5)_____

❹ 市場ではさまざまな(6)しゅるいの果物を売っています。
　いちば　くだもの　う
(6)_____

日本は物価が高いです。
にほん　　ぶっか　　たか

生活費が
せいかつひ
足りない……。
た

3割引の値段
¥10,000
¥7,000 (+税¥700)

消費税10%
しょうひぜい

---

492 価

ノ イ イ 仁 行 価 価 価　8画

price
[GIÁ] giá cả

← イ + 西

ℹ️「西」と形を比べましょう
にし　かたち　くら

価 ⌢ 西
ちがう

カ　物価　prices
ぶっか　vật giá

▶ 東京は物価が高い。　Prices are high in Tokyo.
とうきょう　ぶっか　たか　Giá cả ở Tokyo đất đỏ.

▶ 物価が上がる　prices are going up
ぶっか　あ　vật giá tăng

---

493 値

ノ イ イ 什 什 佑 侑 値 値 値　10画

value
[TRỊ] giá trị

← イ + 直

おなじ
直 値 植
直接 価値 植物
ちょくせつ かち しょくぶつ

ね　値段　price
ねだん　giá cả

チ　価値　value, worth
かち　giá trị

▶ ＿＿＿の値段が高くなる / 安くなる　the price of __ rises/falls
ねだん たか　やす　giá __ tăng/hạ

▶ この絵は 100万円の価値がある。　This paint has worth one million yen.
え　まんえん　かち　Bức tranh này có giá trị 1 triệu yên.

▶ 読む価値のある本　a book worth reading　＊ cuốn sách đáng đọc
よ　かち　ほん

---

494 割

' ' 宀 宀 宀 中 宇 宝 実 害 害 割 割　12画

divide
[CÁT] chia ra, phân chia

← 害 + 刂 刀 sword : 刀で2つに割る
かたな gươm　かたな　わ

わ-れる　割れる　to get, to be broken
わ　bị vỡ

わ-る　割る　to break/divide
わ　đập vỡ, chia ra

わり　割合　ratio
わりあい　tỉ lệ

割引※ 7a　discount
わりびき　giảm giá

時間割　schedule, timetable
じかんわり　thời khoá biểu

▶ 割れたガラス　broken glass　＊ cái ly bị vỡ
わ

▶ 塩2、さとう1の割合で混ぜます。　Mix salt and sugar at a ratio of two to one.
しお　わりあい　ま　Trộn muối và đường theo tỉ lệ 2/1.

▶ 3割引 / 3割引き※　30-percent discount　＊ giảm giá 30%
わ　わ

※数字が前に付くときは「割引」を「割引き」と書くことが多い。
すうじ　まえ　つ　わりびき　わりびき　か　おお

▶ 卵を割る　to crack/break an egg　＊ đập trứng
たまご　わ

▶ このたなの商品は割引になりません。　The items on this shelf will not be discounted.
しょうひん　わりびき　Hàng hoá ở trên giá này không được giảm giá.

▶ 時間割は変わりません。　There is no change in the schedule.　＊ Thời gian biểu không thay đổi.
じかんわり　か

---

495 費

一 一 弓 弓 弗 弗 弗 弗 昔 費 費 費　12画

spend, money
[PHÍ] tiêu tốn

← 弗 散らす sprinkle, scatter + 貝 お金 : お金を使い、減らす
ち　rải, làm rơi là tả　かね　かね つか　へ

ヒ　費用　expense, cost
ひよう　chi phí

＿＿＿費　__ expenses
ひ　phí __

▶ たくさんの費用がかかる　to cost a great deal of money　＊ tốn nhiều chi phí
ひよう

▶ 旅行の費用　traveling expenses　＊ phí đi du lịch
りょこう　ひよう

▶ 生活費　living expenses　＊ sinh hoạt phí
せいかつ

▶ 交通費　transportation expenses　＊ phí đi lại
こうつう

▶ 食費　food expenses　＊ tiền ăn
しょく

書く練習✏️

価 価
値 値
割 割
費 費

😀 読みながら書きましょう

値段　値 段
ねだん

価値　価 値
かち

割れる　割 れ る
わ

割引　割 引
わりびき

費用　費 用
ひよう

496 消

`丶 氵 氵 沙 沙 消 消 消` 10画

disappear
[TIÊU] biến mất
← 氵水（みず）+ 肖（すく）少なくなる：水が少なくなる（みず すく） ⇒ 消える（き） ❶書き方注意（か かたちゅうい） とめる——はねる

き-える	消える（き）	to go out, to disappear biến mất, tắt
け-す	消す（け）	to turn off, to put out, to erase xoá, tắt
	取り消す（と け）	to cancel huỷ
	消しゴム（け）	eraser cục tẩy
ショウ	消費（しょうひ）する	consumption sự tiêu dùng, tiêu phí
	消火（しょうか）する	(fire) extinction dập lửa

▶ 火が消える（ひ き） the fire goes out ※ ngọn lửa bị tắt

電気を消す（でんき け） to turn off the light
tắt đèn ▶ データを消す to erase data
xoá dữ liệu

注文／予約を取り消す（ちゅうもん よやく と）（=キャンセルする） to cancel an order / a reservation
huỷ đơn hàng

▶ エネルギーを大量に消費する（たいりょう） to expend a large amount of energy
tiêu hao một lượng lớn năng lượng

▶ 消費期限をチェックする（きげん） to check the consume-by date
kiểm tra hạn sử dụng

▶ 消火活動（かつどう） firefighting ※ hoạt động chữa cháy

N4 文

モン： 注文（ちゅうもん）する order
đặt hàng ▶ ＿＿＿を注文する（=＿＿＿を頼む（たの））

かくにん 作文（さくぶん）、文章（ぶんしょう）、文学（ぶんがく）

497 税

`丶 二 千 禾 禾 禾 利 利 税 税 秒 税` 12画

tax
[THUÊ] thuế
← 禾 イネ rice plant
lúa + 兌（と）取る、引く：とれた作物から引かれる（さくもつ ひ） ⇒ 税（ぜい）

ゼイ	税金（ぜいきん）	＿＿tax tiền thuế
	＿＿＿税（ぜい）	＿＿tax thuế＿＿

▶ 税金がかかる taxable ※ mất tiền thuế

▶ 自動車税（じどうしゃ） car tax ※ thuế ô tô ▶ 消費税別（べつ） consumption-tax not included
không bao gồm thuế tiêu dùng

書く練習

消 消 □□
税 税 □□

読みながら書きましょう

消える（き）	消 え る				
消す（け）	消 す				
税金（ぜいきん）	税 金				
消費税（しょうひぜい）	消 費 税				

読む問題

❶ (1)割引した(2)値段（ねだん えん）は 4,800円です。　(1)＿＿＿＿ (2)＿＿＿＿

❷ デザートの(3)注文を取り(4)消した（と）。　(3)＿＿＿＿ (4)＿＿＿＿

❸ この映画（えいが）は見る(5)価値（み かち）があります。　(5)＿＿＿＿

❹ 旅行の(6)費用（りょこう ひよう）は(7)税金を入れて 10万円です（い まんえん）。　(6)＿＿＿＿ (7)＿＿＿＿

❺ このパン、(8)消費期限（しょうひきげん）が過ぎていますよ（す）。　(8)＿＿＿＿

❻ 父のコーヒーカップを(9)割って（ちち わ）しまった。　(9)＿＿＿＿

書く問題

❶ (1)しょうひぜいを入れた（い）(2)ねだんは1,100円です（えん）。　(1)＿＿＿＿ (2)＿＿＿＿

❷ 間違えて（まちが）データを(3)けしてしまった。　(3)＿＿＿＿

❸ 窓（まど）ガラスが(4)われています。　(4)＿＿＿＿

❹ 文字（もじ）が(5)きえてよく見えません（み）。　(5)＿＿＿＿

❺ (6)ぶっかが上がると（あ）生活（せいかつ）(7)ひが足りなくなるので困ります（た こま）。　(6)＿＿＿＿ (7)＿＿＿＿

Unit 7 買い物

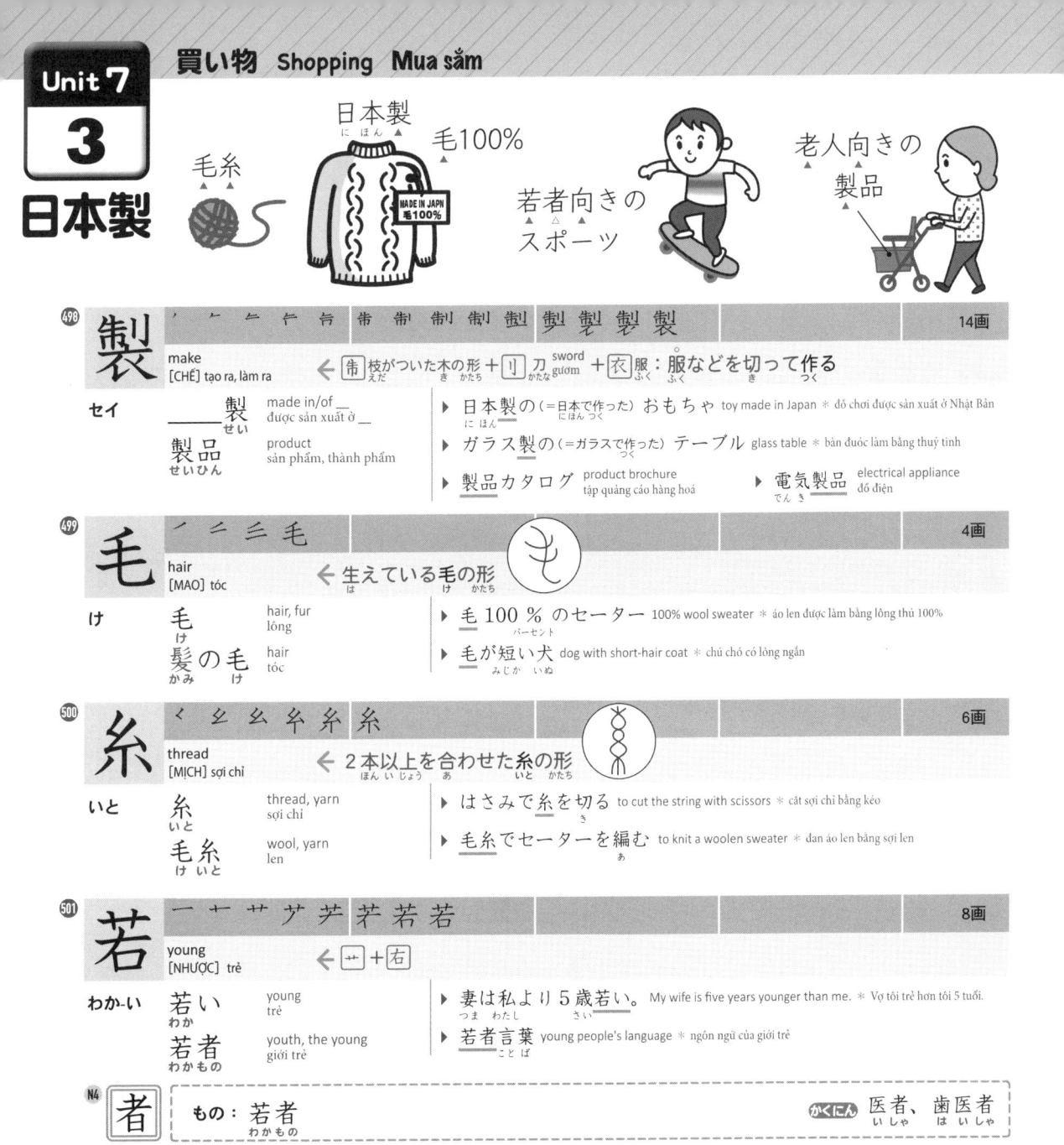

毛糸

日本製
にほん

毛100%

若者向きの
スポーツ

老人向きの
製品

498　製　14画

` ノ 二 午 午 午 制 制 制 制 製 製 製 製 `

make
[CHẾ] tạo ra, làm ra

← 制 枝がついた木の形 ＋ 刂 刀 sword gươm ＋ 衣 服：服などを切って作る
　　えだ　　　き　　かたち　　かたな　　　　　　ふく　ふく　き　つく

セイ

＿＿＿製　made in/of ＿＿
せい　　　được sản xuất ở ＿＿

▶ 日本製の（＝日本で作った）おもちゃ　toy made in Japan ＊ đồ chơi được sản xuất ở Nhật Bản
　 にほん　　　　にほん　つく

製品　product
せいひん　sản phẩm, thành phẩm

▶ ガラス製の（＝ガラスで作った）テーブル　glass table ＊ bàn được làm bằng thuỷ tinh
　　　　　せい　　　　　　　　つく

▶ 製品カタログ　product brochure　　　　　　▶ 電気製品　electrical appliance
　 せいひん　　　 tập quảng cáo hàng hoá　　　　　 でんき　　 đồ điện

499　毛　4画

` ノ 二 三 毛 `

hair
[MAO] tóc

← 生えている毛の形
　 は　　　　け　かたち

け

毛　hair, fur
け　lông

▶ 毛100％のセーター　100% wool sweater ＊ áo len được làm bằng lông thú 100%
　 け　　　パーセント

髪の毛　hair
かみ　け　tóc

▶ 毛が短い犬　dog with short-hair coat ＊ chú chó có lông ngắn
　 け　みじか　いぬ

500　糸　6画

` く 纟 幺 糸 糸 糸 `

thread
[MỊCH] sợi chỉ

← 2本以上を合わせた糸の形
　 ほん いじょう あ　　　いと かたち

いと

糸　thread, yarn
いと　sợi chỉ

▶ はさみで糸を切る　to cut the string with scissors ＊ cắt sợi chỉ bằng kéo
　　　　　いと　き

毛糸　wool, yarn
け いと　len

▶ 毛糸でセーターを編む　to knit a woolen sweater ＊ đan áo len bằng sợi len
　 け いと　　　　　　 あ

501　若　8画

` 一 十 艹 サ 艿 芓 若 若 `

young
[NHƯỢC] trẻ

← 艹 ＋ 右

わか-い

若い　young
わか　trẻ

▶ 妻は私より5歳若い。　My wife is five years younger than me. ＊ Vợ tôi trẻ hơn tôi 5 tuổi.
　 つま わたし　さい わか

若者　youth, the young
わかもの　giới trẻ

▶ 若者言葉　young people's language ＊ ngôn ngữ của giới trẻ
　 わかもの ことば

N4　者

もの：若者
　　 わかもの

かくにん　医者、歯医者
　　　　 いしゃ　は いしゃ

書く練習✍

製 製
毛 毛
糸 糸
若 若

読みながら書きましょう 😊

| 製品 | 製 品 | | | | |
| せいひん | | | | | |

| 毛 | 毛 | | | 糸 | 糸 |
| け | | | | いと | |

| 毛糸 | 毛 糸 | | | | |
| け いと | | | | | |

| 若い | 若 い | | | | |
| わか | | | | | |

| 若者 | 若 者 | | | | |
| わかもの | | | | | |

502 老

一 十 土 耂 耂 老

6画

aging
[LÃO] già

← 耂 + 匕 : 腰 waist, lower back こし hông を曲げて ま げ てつえをつく using a cane chống gậy おじいさんの形 かたち

ロウ　老人 ろうじん　the elderly người già

▶ 80 歳近い さいちか 老人 an elderly person of nearly eighty years of age ＊ người già gần 80 tuổi

▶ 一人暮らしの ひとりぐ 老人が増えている。 ふ Elderly people living alone are increasing. Số người già sống một mình đang tăng lên.

503 向

ノ 亻 冂 向 向 向

6画

face
[HƯỚNG] phương hướng

← 冂 家の形 いえ かたち + 口 窓の形 まど かたち : 高いところにある北を向いた窓の形 たか きた む まど かたち

む-く　向く む　to face đối mặt, quay về phía

▶ こっちを向いて。 む Look this way. ＊ Hãy quay về phía này.

＿＿向き む　(suitable) for ＿ hướng ＿ , dành cho

▶ 南向きの部屋 みなみ む へや room facing south ＊ phòng hướng nam

▶ 若者向きの服 わかもの む ふく clothes designed for young people ＊ quần áo dành cho giới trẻ

む-かう　向かう む　to go toward, to leave for hướng về, di chuyển

▶ 反対の方向に向かう はんたい む to go in the opposite direction ＊ đi về phía ngược lại

む-こう　向こう む　the other side phía đối diện

▶ 向こうに む overthere ＊ ở phía bên kia　▶ 山の向こう側 やま む がわ the other side of the mountain phía bên kia ngọn núi

コウ　方向 ほうこう　direction phương hướng

▶ 駅はこの方向だ。 えき ほう こう The station is in this direction. ＊ Nhà ga ở hướng này.

Unit 7

買い物

書く練習

老 老

向 向

読みながら書きましょう

老人 ろうじん | 老 人 | | | | |

向く む | 向 く | | | | |

向かう む | 向 か う | | | |

方向 ほうこう | 方 向 | | | |

読む問題

❶ ドアの(1)向こうから(2)老人の声 こえ がする。　(1)＿＿＿　(2)＿＿＿

❷ この(3)毛糸のぼうしは日本 にほん (4)製です。　(3)＿＿＿　(4)＿＿＿

❸ 大勢の おおぜい (5)若者 わかもの が駅の えき (6)方向に歩いている。 ある 　(5)＿＿＿　(6)＿＿＿

❹ この会社の かいしゃ (7)製品は世界中で使われている。 せかいじゅう つか 　(7)＿＿＿

書く問題

❶ このマンガは(1)わかい人 ひと (2)むきです。　(1)＿＿＿　(2)＿＿＿

❷ 髪の かみ (3)けが伸びて の じゃまなので切りたい。 き 　(3)＿＿＿

❸ プラスチック(4)せいの容器は洗って ようき あら リサイクルする※。　(4)＿＿＿
※リサイクルする to recycle ＊ tái chế

❹ この(5)いとは細いけれど ほそ 、強い。 つよ 　(5)＿＿＿

❺ 台風は東の たいふう ひがし (6)ほうこうに進んでいる。 すす 　(6)＿＿＿

牛乳

酒

コーヒー豆

酒コーナー

広告の品
△　▲　しな

油

天ぷら油　天ぷら油　天ぷら油

広告の品
198円

原産国：エチオピア
▲　こく

---

504 告

ノ ト 牛 生 生 告 告　　　7画

tell
[CÁO] nói ra, báo cho biết　← 生 牛 cow con bò + 口：神様のための牛を用意して、神様に伝える
　　　うし　　　　　　　　　　　　かみさま　　　　　うし　よう　い　　　かみさま　　つた

コク　広告　advertisement　▶「広告の品」AS ADVERTISED　▶ 八百屋の広告　greengrocer advertising
　　　こうこく　quảng cáo　　　　しな　HÀNG QUẢNG CÁO　やおや　　　　/adversement for a greengrocer
　　　　　　　　　　　　　　　　　　　　　　　　　　　　　　　　　　　　　　quảng cáo về cửa hàng rau củ quả

N4 広　コウ：広告　　　　　　　　　　　かくにん　広い、背広、広場　square, plaza
　　　　　　　こうこく　　　　　　　　　　　　　　　ひろ　せ びろ　ひろ ば　quảng trường

N5 八　や：八百屋　fruit and vegetable　かくにん　八、八つ、八日　**N5** 百　やおや：八百屋　かくにん　百
　　　　　　やおや　shop, greengrocer　　　　はち　やっ　ようか　　　　　　やおや　　　　　ひゃく
　　　　　　　　　tiệm rau

---

505 乳

ノ ⺥ ⺥ ⺥ 孚 孚 乳　　　8画

milk
[NHŨ] sữa　← ⼉ 爪 nail + 子 赤ちゃん + ⺄ 乳房 breast の形：子にミルク milk を飲ませる
　　　　　　　つめ móng　　あか　　　ちぶさ bầu ngực かたち　　　　さ　sữa　　の

ニュウ　牛乳　milk　▶ 牛乳をコップに注ぐ to pour milk into a glass ＊ rót sữa vào cốc
　　　　ぎゅうにゅう　sữa　　ぎゅうにゅう　　　　そそ

N4 注　そそ-ぐ：注ぐ　to pour　　　　　　　　　　　　　　　　かくにん　注意
　　　　　　　　　そそ　đổ, dội　　　　　　　　　　　　　　　　　　　　ちゅう い

---

506 酒

丶 丶 氵 氵 汀 汀 沔 洒 酒 酒　　　10画

liquor
[TỬU] rượu　← 氵 水 + 酉 酒の入ったびんの形 ⇒ 酒
　　　　　　みず　　　さけ はい　　　かたち　　さけ

さけ　（お）酒　liquor, alcohol　▶ 彼はお酒を飲みません。He doesn't drink. ＊ Anh ấy không uống được rượu.
　　　　　さけ　rượu　　　　　かれ　　　さけ　の

シュ　＿＿酒　＝＿＿の酒　▶ ぶどう酒 wine ＊ rượu nho　　▶ 日本酒 sake; Japanese rice wine ＊ rượu Nhật
　　　　　しゅ　　　　さけ　　　しゅ　　　　　　　　　　　にほん

---

507 豆

一 ⼀ 〒 〒 巨 豆 豆　　　7画

bean
[ĐẬU] đậu　← 足のついた容器の形
　　　　　　あし　　　ようき　かたち

まめ　豆　bean　▶ コーヒー豆 coffee beans ＊ hạt cà phê
　　　まめ　đậu

書く練習✏

告　乳

酒　豆

😄 読みながら書きましょう

広告　| 広 | 告 | | | |
こうこく

牛乳　| 牛 | 乳 | | | |
ぎゅうにゅう

お酒　| お | 酒 | | | |
さけ

日本酒　| 日 | 本 | 酒 | | |
に ほんしゅ

豆　| 豆 | | | |
まめ

508 原

一 厂 厂 厂 厅 厉 盾 盾 原 原 原 原　　10画

| source [NGUYÊN] | nguyên liệu, nguyên tắc | ← 厂 がけ cliff vách đá ＋ 泉 泉 いずみ spring suối : がけから出る泉（水が出る元の場所）⇒ 物・事のはじめ |

はら　野原　　field, plain
　　　　のはら　cánh đồng

ゲン　原料　　raw materials
　　　　げんりょう　nguyên liệu

　　　原産（地）　place of origin
　　　げんさん　ち　xuất xứ, nơi sản xuất

▶ 広い野原で遊ぶ　to play in an open field ＊ chơi ở cánh đồng lớn

▶ しょうゆの原料は豆です。　Soy sauce is made from beans. Nguyên liệu của nước tương là đậu.

▶ 主な原料　main raw materials/ingredients ＊ nguyên liệu chủ yếu

▶ 原産国　country of origin ＊ xuất xứ, nước sản xuất

N4 野　の：野原　　　　　　　　　　　　　**かくにん** 野菜、野球
　　　　　のはら　　　　　　　　　　　　　　　　　　　　やさい　やきゅう

509 油

丶 亠 氵 氵 氵 汩 油 油 油　　8画

| oil [DU] dầu | ← 氵 水 ＋ 由 口が細いびんの形 : 細い口からゆっくり出る水 ⇒ 油 |

あぶら　油　　oil
　　　　あぶら　dầu

ユ　石油　　petroleum
　　　せきゆ　dầu mỏ

▶ 油で汚れたなべ　greasy pot　▶ 「火に油を注ぐ」　to add fuel to the fire; to make
　　よご　　　　　nồi bẩn vì dầu　　　ひ　　そそ　　　things worse ＊ thêm dầu vào lửa

▶ 石油ストーブ　oil heater ＊ máy sưởi dầu

Unit **7** 買い物

書く練習

原　油

読みながら書きましょう

野原　野原
のはら

原料　原料
げんりょう

油　油
あぶら

石油　石油
せきゆ

読む問題

❶ 日本(1)酒の主な(2)原料は米です。　　　(1)＿＿＿＿　(2)＿＿＿＿
　にほん　さけ　おも　　こめ

❷ 最近、(3)石油の値段が上がっているそうだ。　　　(3)＿＿＿＿
　さいきん　　ねだん　あ

❸ (4)八百屋さんで(5)豆を買った。　　　(4)＿＿＿＿　(5)＿＿＿＿
　やおや　　まめ　か

❹ 「(6)牛乳1本150円」と(7)広告に書いてある。　(6)＿＿＿＿　(7)＿＿＿＿
　ぎゅうにゅう ぼん　えん　こうこく か

❺ 先生に怒られているときに冗談を言うなんて、
　せんせい おこ　　　　　　じょうだん い
　「火に(8)油を(9)注ぐ」ようなものだ。　　(8)＿＿＿＿　(9)＿＿＿＿
　ひ　　　　　そそ

❻ 女の子が(10)野原で犬と遊んでいる。　　　(10)＿＿＿＿
　おんな こ　　のはら いぬ あそ

書く問題

❶ お(1)さけを飲む前に(2)ぎゅうにゅうを飲むといいそうです。(1)＿＿＿ (2)＿＿＿
　　　の　まえ　　　　　　　　　　　の

❷ ビールの(3)げんりょうを知っていますか。　　　(3)＿＿＿＿
　　　　　　　　し

❸ (4)こうこくによると、今日は天ぷら(5)あぶらが安いそうです。(4)＿＿＿ (5)＿＿＿
　　　　　　　きょう てん　　　　やす

❹ (6)まめは体にいいらしい。　　　(6)＿＿＿＿
　　　からだ

5 形

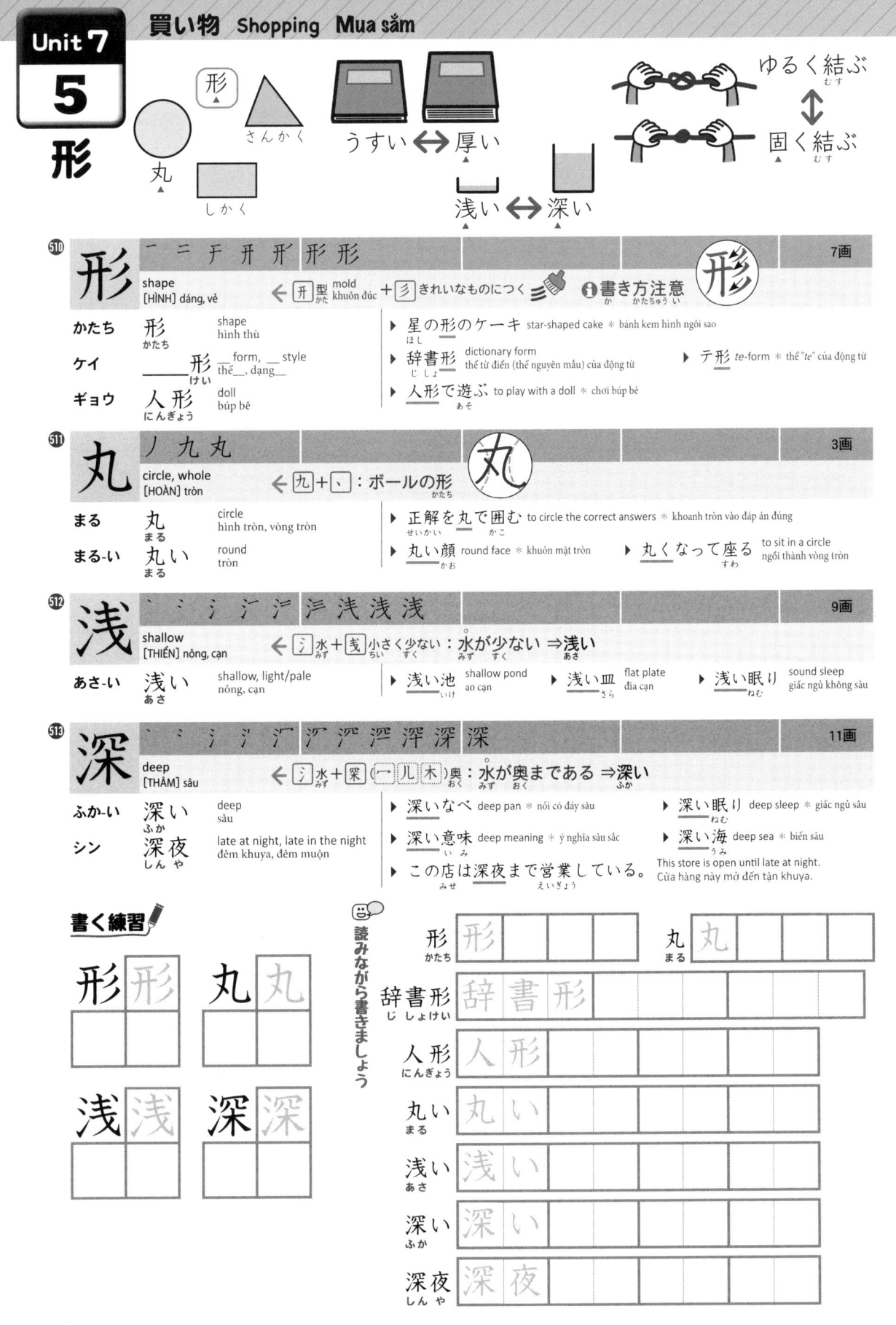

ゆるく結ぶ
むす
固く結ぶ
かた　むす

さんかく
丸
まる
しかく
うすい ⟷ 厚い
あつ
浅い ⟷ 深い
あさ　　　ふか

---

⑤⑩ 形

一 二 チ 开 邢 形 形　　　　7画

shape
[HÌNH] dáng, vẻ
← 开 型 mold + 彡 きれいなものにつく ≡ ❶書き方注意
　かた　khuôn đúc　　　　　　　　　　　　　　　か　かたちゅうい

かたち	形	shape
	かたち	hình thù
ケイ	＿＿＿形	＿＿form, ＿＿style
	けい	thể＿＿, dạng＿＿
ギョウ	人形	doll
	にんぎょう	búp bê

▶ 星の形のケーキ star-shaped cake ＊ bánh kem hình ngôi sao
　ほし　かたち

▶ 辞書形 dictionary form ▶ テ形 te-form ＊ thể "te" của động từ
　じしょ　thể từ điển (thể nguyên mẫu) của động từ

▶ 人形で遊ぶ to play with a doll ＊ chơi búp bê
　　　　あそ

---

⑤⑪ 丸

ノ 九 丸　　　　3画

circle, whole
[HOÀN] tròn
← 九 + 丶 ：ボールの形
　　　　　　　　　かたち

まる	丸	circle
	まる	hình tròn, vòng tròn
まる-い	丸い	round
	まる	tròn

▶ 正解を丸で囲む to circle the correct answers ＊ khoanh tròn vào đáp án đúng
　せいかい　まる　かこ

▶ 丸い顔 round face ＊ khuôn mặt tròn ▶ 丸くなって座る to sit in a circle
　まる　かお　　　　　　　　　　　　　　まる　　　　すわ ngồi thành vòng tròn

---

⑤⑫ 浅

丶 丶 氵 氵 氵 沪 浅 浅 浅　　　　9画

shallow
[THIỂN] nông, cạn
← 氵水 + 戔 小さく少ない：水が少ない ⇒浅い
　　みず　　　ちい　すく　　　みず　すく　　あさ

| あさ-い | 浅い | shallow, light/pale |
| | あさ | nông, cạn |

▶ 浅い池 shallow pond ▶ 浅い皿 flat plate ▶ 浅い眠り sound sleep
　あさ　いけ　ao cạn　あさ　さら đĩa cạn　あさ　ねむ giấc ngủ không sâu

---

⑤⑬ 深

丶 丶 氵 氵 沪 深 深 深 深 深　　　　11画

deep
[THÂM] sâu
← 氵水 + 罙 (一 儿 木) 奥：水が奥まである ⇒深い
　　みず　　　　　　　　　　おく　みず　おく　　　　ふか

ふか-い	深い	deep
	ふか	sâu
シン	深夜	late at night, late in the night
	しん や	đêm khuya, đêm muộn

▶ 深いなべ deep pan ＊ nồi có đáy sâu ▶ 深い眠り deep sleep ＊ giấc ngủ sâu
　ふか　　　　　　　　　　　　　　　　　　ふか　ねむ

▶ 深い意味 deep meaning ＊ ý nghĩa sâu sắc ▶ 深い海 deep sea ＊ biển sâu
　ふか　いみ　　　　　　　　　　　　　　　ふか　うみ

▶ この店は深夜まで営業している。 This store is open until late at night.
　　みせ　しんや　　えいぎょう　　　　　Cửa hàng này mở đến tận khuya.

書く練習

形	形		
丸	丸		
浅	浅	深	深

形 かたち	形				丸 まる	丸			
辞書形 じしょけい	辞書形								
人形 にんぎょう	人形								
丸い まる	丸い								
浅い あさ	浅い								
深い ふか	深い								
深夜 しんや	深夜								

514 固 ｜ 冂 冂 田 固 固 固 固　　　　8画

hard, tough
[CỐ] bền, chắc
← 口 城を囲むかべ castle wall ＋ 古 かたい：古い城を「口」で囲んで固く守る
しろ かこ　　　tường thành　　　　ふる しろ　　　かこ　 かた まも

かた-い　固い　hard, tight, strong　　　▶ 固い 約束 firm promise ＊ lời hứa chắc chắn　　　▶ 頭が固い to be stubborn ＊ (người) cứng nhắc
　かた　　cứng, chặt　　　　　　　　やくそく　　　　　　　　　　　　　　　　　　あたま
コ　　固体　solid (body)　　　　　　　▶ ロープを固く （＝きつく／しっかり）結ぶ to tie the rope tightly ＊ buộc chặt dây thừng
　こ たい　thể rắn, dạng rắn　　　　　　　　　　　　　　　　　　むす
　　固定する　fixing　　　　　　　　▶ びんのふたを固く （＝きつく／しっかり）閉める to close the jar tight ＊ đóng chặt nắp chai
　こ てい　cố định　　　　　　　　　　　　　　　　　　　　　　　し
　　　　　　　　　　　　　　　　　　▶ 固体になる to solidify, to change to a solid ＊ chuyển sang thể rắn

　　　　　　　　　　　　　　　　　　▶ かべに固定されている to be fastened/fixed to a wall ＊ được cố định trên tường

515 厚 一 厂 厂 厈 厔 厚 厚 厚 厚　　　　9画

thick
[HẬU] dày
← 厂 がけ cliff ＋ 日子 重ねる：土が重なってがけになる ⇒ 厚い
　　　　vách đá　　　　　かさ　　　 つち かさ　　　　　　あつ

あつ-い　厚い　thick　　　　　▶ 厚い辞書 thick dictionary ＊ cuốn từ điển dày　　▶ パンを厚く切る to slice bread thick
　あつ　　dày　　　　　　　　　じしょ　　　　　　　　　　　　　　　　　き　　cắt bánh mì thành lát dày

書く練習

固 固　厚 厚

😊 読みながら書きましょう

固い	固 い				
固定	固 定				
厚い	厚 い				

読む問題

❶ (1)浅いなべが重ねて置いてある。　　　　　(1)＿＿＿＿
　　　かさ　お

❷ お祝いのパーティーは(2)深夜まで続いた。　(2)＿＿＿＿
　　いわ　　　　　　　　　　　　　つづ

❸ 二人は(3)固く約束をした。　　　　　　　(3)＿＿＿＿
　ふたり　　　やくそく

❹ この(4)人形、かわいいですね。　　　　　(4)＿＿＿＿

❺ 彼の言葉に(5)深い意味はなかった。　　　(5)＿＿＿＿
　かれ ことば　　　　いみ

❻ (6)厚いステーキが食べたい。　　　　　　(6)＿＿＿＿
　　　　　　　　た

❼ 紙に大きな(7)丸をかいてください。　　　(7)＿＿＿＿
　かみ おお

❽ 氷は水の(8)固体です。　　　　　　　　　(8)＿＿＿＿
　こおり みず

❾「する」は辞書(9)形、「して」はテ形です。(9)＿＿＿＿
　　　　　じしょ

書く問題

❶ 父は頭が(1)かたくて困る。　　　　　　　(1)＿＿＿＿
　ちち あたま　　　　こま

❷ その(2)まるくて (3)ふかい皿を取ってください。(2)＿＿＿ (3)＿＿＿
　　　　　　　　　　さら と

❸ このプールは(4)あさいので泳げない人も安心です。(4)＿＿＿＿
　　　　　　　　　およ　　ひと あんしん

❹ 友達がハートの(5)かたちのアクセサリーをくれた。(5)＿＿＿＿
　ともだち

Unit 7
6 読み方の復習

/50

もんだい1　＿＿のことばはどう読みますか。ひらがなを□に書いてください。　（2点×4）

① 近所の(1)老人は、よく(2)毛糸のぼうしをかぶっている。

② 全国(3)各地から古くて(4)価値のあるものを集める。

(1)	(2)

(3)	(4)

もんだい2　＿＿のことばはどう読みますか。ひらがなを□に書いてください。　（2点×15）

① 客　「あのう、女性(1)向きのお酒ってありますか。」

　店員「こちらの(2)日本酒はいかがですか。(3)原料はもちろん米ですが、果物のジュー
　　　　スのように甘くて飲みやすいと(4)若い女性に人気があります。何(5)種類かあるの
　　　　ですが、どれも2本セットで2,500円。(6)消費税を入れて、2,750円です。」

② 客　「すみません、電子レンジで使える容器を探しているんですが。」

　店員「こちらはいかがですか。ガラス(7)製で、冷蔵庫に(8)重ねてしまえますし、中身
　　　　が見えるので便利ですよ。ガラスが(9)厚くて、じょうぶですし。こちらは(10)浅い
　　　　ですが、あちらの(11)深いタイプならスープも入れられますよ。」

　客　「いいですね。別の(12)形もありますか。(13)丸いのとか。」

③「このひも、(14)固く結んであって……。」「あ、手では(15)無理だよ。はさみで切ろう。」

(1)	(2)	(3)	(4)	(5)
(6)	(7)	(8)	(9)	(10)
(11)	(12)	(13)	(14)	(15)

もんだい3　＿＿のことばはどう読みますか。ひらがなを□に書いてください。　（2点×6）

(1)食費を安くするには、買い物に行く曜日と店を決めて、いつも同じ(2)値段で買うよ
うにするとよい。(3)広告を見て「安い」と思って買い物に行くと、つい、いらないもの
を買ってしまうからだ。出かける前に作るメニューを決めて、買う物とその(4)量を決
めておくことも大切だ。(5)割引などで安い(6)商品を買っても、使わなければむだになる。
すぐに使わないものを買わないようにしたい。

(1)	(2)	(3)	(4)
(5)	(6)		

Unit 7

7 書き方の復習

/50

もんだい1 ____は漢字とひらがなでどう書きますか。正しいほうをa・bから選んでください。(2点×4)

① 近所の(1)ろうじん{a.孝人 b.老人}は、よく(2)けいと{a.毛糸 b.手糸}のぼうしを
かぶっている。

② 全国(3)かくち{a.名地 b.各地}から古くて(4)かち{a.価値 b.値価}のあるものを集める。

もんだい2 ____は漢字とひらがなでどう書きますか。□に書いてください。 (2点×15)

① 客　「あのう、女性(1)むきのおさけってありますか。」
店員「こちらの(2)にほんしゅはいかがですか。(3)げんりょうはもちろん米ですが、
果物のジュースのように甘くて飲みやすいと(4)わかい女性に人気があります。
何(5)しゅるいかあるのですが、どれも2本セットで2,500円。(6)しょうひぜいを
入れて、2,750円です。」

② 客　「すみません、電子レンジで使える容器を探しているんですが。」
店員「こちらはいかがですか。ガラス(7)せいで、冷蔵庫に(8)かさねてしまえますし、
中身が見えるので便利ですよ。ガラスが(9)あつくて、じょうぶですし。こちらは
(10)あさいですが、あちらの(11)ふかいタイプならスープも入れられますよ。」
客　「いいですね。別の(12)かたちもありますか。(13)まるいのとか。」

③「このひも、(14)かたく結んであって……。」「あ、手では(15)むりだよ。はさみで切ろう。」

(1)	(2)	(3)	(4)	(5)
(6)	(7)	(8)	(9)	(10)
(11)	(12)	(13)	(14)	(15)

もんだい3 ____は漢字とひらがなでどう書きますか。□に書いてください。 (2点×6)

(1)しょくひを安くするには、買い物に行く曜日と店を決めて、いつも同じ(2)ねだんで
買うようにするとよい。(3)こうこくを見て「安い」と思って買い物に行くと、つい、い
らないものを買ってしまうからだ。出かける前に作るメニューを決めて、買う物とそ
の(4)りょうを決めておくことも大切だ。(5)わりびきなどで安い(6)しょうひんを買っても、
使わなければむだになる。すぐに使わないものを買わないようにしたい。

(1)	(2)	(3)	(4)
(5)	(6)		

観光 かんこう Sightseeing Tham quan

自然

この辺りは
自然が
多いですね。
おお

観光客
▲ △ きゃく

温泉のあるホテルに
泊まりたいです。
お湯に入って
はい
ゆっくり休みたいです。
やす

---

516 観　ノ　亻　ニ　午　午　午　产　产　产　隹　隹　針　針　針　観　観　観　18画

observe
[QUAN] xem, nhìn
← 隹（⺮隹 鳥の形）＋見：鳥のように遠くをよく見る
とり かたち　　　　とり　　　　　　　　とお　　　　み

カン　観光する　sightseeing
　　　かんこう　　tham quan
　　　観客　　　audience, spectator
　　　かんきゃく　quan khách

▶ 観光客　tourist ＊ khách du lịch
　　きゃく
▶ 観光地　sightseeing area ＊ khu du lịch
　　　　ち
▶ 京都へ観光に行く　to go sightseeing in Kyoto ＊ đi du lịch Kyoto
　きょうと　　　　い
▶ ラグビーの試合に約1万人の観客が集まった。
　　　　　しあい　やく　まんにん　かんきゃく　あつ
The rugby game attracted about 10,000 spectators.
Có khoảng 10,000 khán giả đến xem trận đấu bóng bầu dục.

N4 光　コウ：観光する　　　　　　　　　　　　　　かくにん 光、光る
　　　　　　　かんこう　　　　　　　　　　　　　　　　　ひかり　ひか

---

517 辺　フ　刀　刃　辺　辺　5画

vicinity, a side
[BIÊN] bên/phía, mép, gần
← 辶 進む＋刀：刀 sword が届く辺り
　　すす　かたな　がươm　　とど　あた

あた-り　辺り　around
　　　　あた　xung quanh
ヘン　この辺　near/around here
　　　へん　gần đây, quanh đây

▶ 辺りをよく見て。　Look around you. ＊ Hãy nhìn kỹ xung quanh.
　あた　　　み
▶ 机の辺り　the area around a desk ＊ xung quanh bàn
　つくえ
▶ この辺／この辺り に ホテルはありませんか。
　　へん

この辺
あた

Is there a hotel around here?
Có khách sạn ở quanh đây không ạ?

---

518 然　ノ　ク　タ　タ　タ　タ　タ　タ　然　然　然　12画

like ..., air of ...
[NHIÊN] như thế, như vậy
← 夕肉＋犬＋灬火：犬の肉を火で焼く
　　にく　いぬ　ひ　　いぬ　にく　ひ　や

ゼン　自然　nature
　　　しぜん　thiên nhiên, tự nhiên
　　　全然　(not) ... at all, altogether
　　　ぜんぜん hoàn toàn, hoàn toàn... ko...

▶ 自然が多く残っている　there is still a lot of nature left
　しぜん　おお　のこ　　　　　(cảnh quan) thiên nhiên vẫn còn lại nhiều
▶ 全然覚えていない　to have no recollection at all
　　　おぼ　　　　　hoàn toàn không nhớ gì
▶ 全然違う　altogether different
　　　ちが　hoàn toàn khác nhau

N4 自　シ：自然　　　　　　　　かくにん 自転車、自動車、自分
　　　　　　　しぜん　　　　　　　　　　　じ てんしゃ　じ どうしゃ　じ ぶん

書く練習 ✏

辺　辺

観　観

然　然

😀 読みながら書きましょう

観光　観光
かんこう

観客　観客
かんきゃく

辺り　辺り
あた

この辺　この辺
へん

自然　自然
しぜん

全然　全然
ぜんぜん